Hans-Joachim Winkler (Hrsg.)
Politikwissenschaft als Erziehungswissenschaft?

Studienbücher zur Sozialwissenschaft Band 23

Hans-Joachim Winkler (Hrsg.)
zusammen mit Gerd Stein und Gerhard Wuthe

# Politikwissenschaft als Erziehungswissenschaft?

*Zur Lehrerausbildung und zum sozialwissenschaftlichen Unterricht*



Westdeutscher Verlag

Umschlaggestaltung: studio für visuelle kommunikation, Düsseldorf
Satz: Margit Seifert, Erkrath
Druck: Mohndruck Reinhard Mohn OHG, Gütersloh

Printed in Germany

ISBN 3-531-21285-0

# Inhalt

*Hans-Joachim Winkler*

# Einleitung

Der Titel, den wir dieser Sammlung gegeben haben: „Politikwissenschaft als Erziehungswissenschaft?", könnte zumindest auf zwei Seiten Widerspruch finden. Einmal gibt es innerhalb der Politikwissenschaft noch viele Vertreter, die es als störend empfinden, daß ihre Studenten in der Mehrzahl Lehrer werden wollen. Sie möchten das künftige Berufsfeld ihrer Hörer übersehen, um sich ungestört mit dem eigentlichen Gegenstand beschäftigen zu können, der ihre Disziplin konstituiert: eben dem „rein" Politischen. Sie fürchten den Zwang zur Lehrerausbildung als Ablenkung, als „Pädagogisierung" ihrer Wissenschaft.

Auf der anderen Seite könnte Widerspruch kommen von den Erziehungswissenschaftlern, die sich gerade von einer philosophisch begründeten Pädagogik zu einer sozialwissenschaftlich verstandenen Erziehungswissenschaft gemausert haben. Der Titel könnte einen Einbruch in ihre Domäne signalisieren.

Gegen diese beiden Bedenken beabsichtigen die Autoren dieses Bandes tatsächlich eine Grenzüberschreitung. Als sie sich im Oktober 1973 beim Hamburger Kongreß der „Deutschen Vereinigung für Politische Wissenschaft" in einer Arbeitsgruppe „Vermittlungsprobleme der Politikwissenschaft" trafen, waren sie sich trotz unterschiedlicher Ausgangspositionen schnell einig: Die Politikwissenschaft darf den Sektor Politische Sozialisation, von der großen Bildungspolitik bis zur politischen Rolle des Lehrers im Klassenzimmer, nicht mehr so vernachlässigen wie bisher. Darüber hinaus braucht die Erziehungswissenschaft dringend den fachlichen Beitrag der Politikwissenschaft, soll sie nicht den politischen Aspekt und die politischen Bedingungen von schulischer und außerschulischer Bildung unkritisch ausklammern.

Daher beschlossen die Mitglieder der Arbeitsgruppe „Vermittlungsprobleme der Politikwissenschaft", ihre in Hamburg vorgelegten Beiträge zu veröffentlichen, – oft nur als erste Überlegungen oder Versuche für Denkanstöße. Dabei beschäftigen sich die ersten vier Arbeiten mit dem Beitrag der Politikwissenschaft zum erziehungs- und sozialwissenschaftlichen Grundstudium aller künftigen Lehrer, während die letzten drei Beiträge zur Ausbildung künftiger

Lehrer für das Schulfach Politik Vorschläge aus politikwissenschaftlicher Sicht machen. Als Hilfe für den Leser wird im folgenden eine kurze Übersicht über die Schwerpunkte der einzelnen Beiträge gegeben.

*Siegfried Jenkner* zeigt in kurzem historischem Abriß, wie nach dem verlorenen Krieg Politikwissenschaft unter dem Aspekt politischer Bildung rekonstruiert wurde, also eigentlich ganz selbstverständlich am Grundstudium aller Lehrerstudenten beteiligt sein müßte. Der Überblick zeigt, wie anders die Entwicklung verlief, mitbegründet aus der Sorge der Politikwissenschaftler vor einer „Pädagogisierung". Jenkner analysiert die inzwischen weitgehend von der Erziehungswissenschaft mit Unterstützung der Psychologie und Soziologie beherrschte Diskussion um die Reform der Lehrerausbildung, woran die Politikwissenschaft nicht beteiligt ist. Um die in allen Plänen formulierten, aber nirgends konkretisierten politischen Aspekte und Zusammenhänge nicht verloren gehen zu lassen – zum Schaden der demokratischen Entwicklung –, entwickelt Jenkner Vorschläge für eine „Politikwissenschaft der Erziehung und Schule".

*Dietrich Thränhardt* zeigt Parallelen zwischen Schul- und Hochschulpolitik im deutschen Obrigkeitsstaat, etwa bei der Entpolitisierung der Schule als massive Politisierung zugunsten der bestehenden Herrschaft und beim gleichzeitigen Zerfall der Politischen Wissenschaft an den Universitäten. Dazu macht er deutlich, wie viele der alten Strukturen sich bis heute erhalten haben. Schließlich begründet er, warum bei der Lehrerausbildung neben den etablierten Disziplinen Erziehungswissenschaft, Soziologie und Psychologie die Politikwissenschaft zusätzliche Aufgaben übernehmen muß. Den Abschluß bildet ein Überblick über Forschungslücken im Bereich „Inhalte und Einstellungen" (z. B. Einfluß der Lehrpläne), „Organisation" (z. B. noch heute bestehende Klassenschule, Mitbestimmung, politische Wirkung des Frontalunterrichts) und „Bildungspolitik" (z. B. Untersuchung der Willensbildung bei schulpolitischen Entscheidungen, Einwirkung ökonomischer Interessen).

*Peter Schuster* untersucht anhand von sechs Modellen, die an Berliner Hochschulen für den grundwissenschaftlichen Bereich des Lehrerstudiums entwickelt wurden und zum Teil auch schon erprobt werden, welchen Beitrag die Politikwissenschaft leisten soll oder kann. Fast selbstverständlich ist, daß in keiner Reformüberlegung das heute noch vielerorts praktizierte additive Modell vorkommt, wonach der Student neben der Erziehungswissenschaft als eine mögliche Grundwissenschaft die Politologie wählt, welche ihrerseits ihr Studienangebot selbständig organisiert. Schuster zeigt, wie sich in Berlin eine erziehungswissenschaftliche Konzeption durchzusetzen scheint, deren Berufsbezogenheit leicht auf Unterrichtspraxis verengt werden kann und in der die gesellschaftlich-politische Relevanz von Schule und Erziehung ausgespart wird. Politikwissenschaft und andere Gesellschaftswissenschaften könnten hier unter der Dominanz der Pädagogik höchstens noch „erziehungswissenschaftlich relevante" Beiträge liefern. Andere Modelle dagegen vertreten die sozialwissenschaftliche Konzeption, nach der Erziehungswissenschaft Teil der Sozialwissenschaften ist. Der spezielle Beitrag der Politikwissenschaft liegt hier in den zentralen Fragen wie Macht und Herrschaft oder in besonderen Fragen wie der Bildungspolitik. Darüber hinaus zeigt Schuster am Berliner Beispiel, was für bildungspolitische Probleme entstehen können, wenn zwei staatliche Ressorts, hier das für Wissenschaft und das für Schulwesen, in dem für Lehrerausbildung zuständigen Hochschulbereichen rivalisieren.

Als „Überlegungen zu einem erziehungs- und gesellschaftswissenschaftlichen Kernstudium" will *Gerd Stein* seine Ausführungen verstanden wissen, in denen er eine mögliche Grundkonzeption eines Allgemeinen oder Grund-Studiums für professionelle Pädagogen zur Diskussion stellt, welche von der Prämisse ausgeht, daß die *pädagogischen Aufgaben und die politische Rolle des Lehrers in Schule und Gesellschaft nicht voneinander zu trennen* sind und daß deren Zusammenhang daher in Theorie und Praxis einer „aufgabenorientierten und problembezogenen Lehrerbildung" durchgängig zu berücksichtigen sind.

Der Beitrag informiert zum einen über die Konzeption eines fächerübergreifenden „Pädagogik"-Studiums für Lehrer, zum anderen über den Stellenwert eines solchen – erziehungs- und gesellschaftswissenschaftliche mit fachlich-didaktischen und berufspraktischen (Teil-)Studien integrierenden – „Kernstudiums" im Rahmen wissenschaftlicher Lehrerausbildung. Darüber hinaus verdeutlicht er die Notwendigkeit für die Politikwissenschaft, durch eine Schwerpunktbildung im Blick auf pädagogische sowie bildungs- und gesellschaftspolitische Fragen („Politikwissenschaft unter besonderer Berücksichtigung des Bildungsbereichs") die Grundlage für „*ein kritisches, aber offenes Gespräch zwischen Erziehungs- und Politikwissenschaftlern*" zu schaffen, „das bei allen Kontroversen sich orientiert an einer pädagogisch-politischen Berufsrolle des Lehrers und Erziehers und bezogen bleibt auf die gemeinsame Verantwortung beider Disziplinen bezüglich einer wissenschaftlichen und zugleich berufspraxis-bezogenen Lehrerbildung".

Gleichsam als Übergang zwischen den Überlegungen zum Beitrag der Politikwissenschaft für das Grundstudium der Lehrerausbildung und den folgenden Überlegungen zu Politikwissenschaft und Politikunterricht fragt *Hans-Joachim Winkler,* warum Politikwissenschaftler so selten an Richtlinien für den Politikunterricht und an den entsprechenden Lehrbüchern mitarbeiten, obwohl doch durch sie auch Lehre und Forschung der Politikwissenschaft weitgehend mitbestimmt werden. Er konstatiert ein gewisses Desinteresse an Vermittlungsfragen, einen übertriebenen Fachjargon als Kommunikations-Barriere, die Beschäftigung mit Fragen der Didaktik und der politischen Bildung als Karriere-Hemmnis und zeigt die gefährlichen Folgen, die von derartiger Abstinenz nicht nur der Politikwissenschaft, sondern vor allem der Entwicklung des politischen Bewußtseins allgemein drohen.

*Gerhard Wuthe* sieht die Mitarbeit der Politikwissenschaft bei der Entwicklung eines Curriculums für das Schulfach Politik in relativ unproblematischer Gemeinsamkeit mit den anderen Sozialwissenschaften. Am Beispiel der für Nordrhein-Westfalen durch die „Schörken-Kommission" erstellten „Richtlinien für den politischen Unterricht" zeigt Wuthe, welche Folgen die Nicht-Beteiligung von Fachwissenschaftlern hat. Er erörtert dies besonders am Konflikt-Begriff. Abschließend werden mögliche Beiträge der Politikwissenschaft für ein Curriculum „Politik" im Ableitungszusammenhang „Situationsanalyse – Qualifikationsermittlung – Strukturierung von Inhalten" aufgezeigt.

*Wolfgang Behr* fragt nach den Forschungszielen der Politikwissenschaft im Zusammenhang mit der Strukturierung von Lernzielen durch die politische Pädagogik. Eine Übersicht über theoretische und methodische Ansätze der Politikwissenschaft faßt er in acht Dimensionen zusammen. Beispielhaft benutzt er die Dimension „System und Totalität" sowie „Funktionalität und Dialektik" zur Strukturierung von Inhalten politischer Pädagogik. Abschließend erörtert er die Möglichkeiten eines dreistufigen politischen Lernprozesses entsprechend den praktischen Erfahrungen der Schüler.

Abschließend untersucht *Hagen Weiler* Theorie und Praxis politischen Unterrichts in Auseinandersetzung mit einigen Didaktikern der politischen Bildung. Er plädiert für Selbstbestimmung der Schüler in diesem Unterricht, um anerzogene Unfreiheit allmählich zu überwinden. Er zeigt die Grenzen einer „demokratisch-sozialistischen Organisation des Unterrichts", wie sie manchen „Seminarrevolutionären" vorschwebt. Neben der Beschäftigung mit der Institution Schule verlangt Weiler für emanzipatorischen Unterricht u. a. auch gruppendynamische Solidaritätstrainings. Schließlich skizziert Weiler Rahmenthemen für das Studium künftiger Sozialkundelehrer.

Soweit die Übersicht über die einzelnen Beiträge dieses Sammelbandes.

Einiges ist allen Autoren gemeinsam:

- Sie kritisieren an der traditionellen Politikwissenschaft die bisherige Vernachlässigung des Bereichs Bildung und fordern eine Ergänzung, eine Art „Politikwissenschaft der Erziehung und Schule" wie es in dieser Disziplin schon längst Spezialisierungen etwa als Regierungslehre, Internationale Beziehungen usw. gibt.
- Sie verlangen eine Kooperation der Sozialwissenschaften einschließlich der Erziehungswissenschaft beim Grundstudium aller Lehrerstudenten, damit diese im Studium nicht mehr additiv einzelne Aspekte der beteiligten Disziplinen vorgesetzt bekommen, die sie dann mehr oder weniger erfolgreich selbst integrieren müssen.
- Sie erkennen die Koordinierungsaufgabe der Erziehungswissenschaft an, soweit sie sich als Sozialwissenschaft versteht. Diese Rolle entspricht der Erkenntnis, daß nur lernfähige Gesellschaften die schwierigen Probleme der Zukunft meistern können. Allerdings steht für sie fest, daß die Entwicklung der Lernfähigkeit ohne Einbeziehung des Politischen ein gefährliches Defizit aufweist.
- Alle haben versucht, zugunsten der Kooperation mit den Nachbardisziplinen auf extensive Verwendung des Fachjargons zu verzichten.
- Und schließlich hoffen alle, daß das im Titel dieses Bandes: „Politikwissenschaft als Erziehungswissenschaft?" gesetzte Fragezeichen sich bald als überflüssig erweist.

*Siegfried Jenkner*

# Die Politikwissenschaft im allgemeinen (erziehungs- und gesellschaftswissenschaftlichen) Teil der Lehrerausbildung – Entwicklung und Tendenzen[1]

## I.

Die Etablierung der Politikwissenschaft (PW) an den westdeutschen Hochschulen nach dem Zweiten Weltkrieg erfolgte von Anfang an aus politisch-pädagogischen Überlegungen und in enger Verbindung mit der allgemeinen Lehrerausbildung[2]. Die ersten Initiativen noch vor der Gründung der BRD standen im Zusammenhang mit den re-education-Bemühungen der Besatzungsmächte: die demokratische Umerziehung des deutschen Volkes sollte u. a. durch politische Bildungsmaßnahmen auf allen Ebenen des Bildungswesens erfolgen, d. h. sowohl in den Schulen als auch in den Hochschulen gefördert werden.

Diese Anstöße wurden 1950 von der Kultusministerkonferenz aufgegriffen und führten zu der Empfehlung,

1. politische Bildung als *Unterrichtsprinzip* aller Schulen und Fächer sowie als besonderes *Unterrichtsfach* vorzusehen und
2. für eine entsprechende Ausbildung der Lehrer politikwissenschaftliche Lehrstühle, Dozenturen und Lehraufträge an allen Hochschulen einzurichten[3].

Die letztere Empfehlung wurde in den folgenden Jahren nur zum Teil verwirklicht: eine Bestandsaufnahme im Jahre 1960 ergab, daß die PW zwar an der Mehrzahl der Universitäten, insgesamt aber nur an der Hälfte aller westdeutschen Hochschulen als selbständige Disziplin vertreten war[4].

Zu dieser Zeit erfolgte ein zweiter Anstoß wiederum von außen: die antisemitischen Ausschreitungen im Winter 1959 schockierten die politische Öffentlichkeit; die Diskussion über die Ursachen legte u. a. die Versäumnisse in der politischen Bildung an Schulen und Hochschulen bloß. Als Konsequenz wurden verstärkte Bemühungen um die politische Bildung der Lehrerstudenten selbst und ihre fachlich-didaktische Vorbereitung für den politischen Unterricht in der Schule vorgesehen; die Errichtung weiterer politikwissenschaftlicher Lehrstühle sollte nunmehr „nachhaltig betrieben" werden[5].

Jedoch erfolgte die Institutionalisierung der PW und ihre Berücksichtigung in den Prüfungs- und Studienordnungen in den einzelnen

Bundesländern höchst unterschiedlich. Unter der Zielsetzung der politischen Bildung *aller* Lehrerstudenten wäre die Einbeziehung der PW als obligatorisches Studien- und Prüfungsfach in den allgemeinen (grundwissenschaftlichen) Teil der Lehrerausbildung für alle Schularten zu erwarten gewesen. Eine 1969 erstellte Übersicht zeigt jedoch, daß dies keineswegs überall der Fall war[6] : Weder wurde die PW als *grundwissenschaftliches* Fach in allen Bundesländern etabliert, noch wurde sie überall dort, wo dies erfolgte, *obligatorisches* Studien- und Prüfungsfach der Lehrerausbildung.

Zusätzliche Schwierigkeiten ergaben sich aus dem Selbstverständnis des Faches und dem daraus abgeleiteten Lehrprogramm. Dort, wo die PW in den grundwissenschaftlichen Lehrkanon einbezogen war, verstand sie sich in der Regel weniger als ein der Pädagogik zugeordnetes Fach, sondern als eine eigenständige Disziplin, die nicht „pädagogisierend" betrieben werden dürfe, sondern „sich zunächst einmal anhand ihrer eigenen Fragestellung konstituieren muß"[7]. Die Verbindung zur Pädagogik erfolgte allenfalls in der allgemeinen Form, daß beide Disziplinen als normativ-praktische Wissenschaften aus derselben philosophischen Wurzel angesehen wurden[8]. Die von einem Teil der Fachvertreter versuchte Wiederbelebung der PW als „Königin der Wissenschaften" führte zum Anspruch einer übergeordneten Stellung und „Kontrollfunktion" auch im Erziehungsbereich[9].

Abgesehen von dem allgemeinen Einwand gegen die normativ-praktische Konzeption der PW, daß sie ihren eigenen Ansprüchen nicht genügen könne[10], ergab sich im Bereich der Lehrerausbildung noch ein spezielles Dilemma: der normativ-praktische Anspruch der PW traf auf die Pädagogik zu einer Zeit, als diese sich von der gemeinsamen philosophischen Wurzel löste und sich nunmehr als ‚Erziehungswissenschaft', d. h. eine (gleichwohl ‚praktisch'-kritische) Sozialwissenschaft verstand. Die damit verbundenen Kommunikationsschwierigkeiten dürften für das meist beziehungslose Nebeneinander beider Fächer und die relative Bedeutungslosigkeit der PW in der grundwissenschaftlichen Lehrerausbildung mitverantwortlich sein.

Die PW sah von dem Zusammenhang des Ausbildungsganges weitgehend ab und wandte sich an den Lehrerstudenten als Staatsbürger, nicht aber als zukünftigen Lehrer. Entsprechend orientierten sich die Studienpläne zumeist an der Gliederung und den Hauptproblemen der PW allgemein; die speziellen Probleme, in denen sich politikwissenschaftliche Fragestellungen für den Lehrer konkretisieren, wurden – wenn überhaupt – erst in zweiter Linie behandelt. Bei der durchweg geringen verfügbaren Stundenzahl für das Fach mußte der Versuch eines ‚Mini-Politologie-Studiums' zwangsläufig unbefriedigend bleiben.

Die institutionellen und curricularen Schwierigkeiten schlugen sich – wie *Hans Martin Stimpel* in einer vergleichenden internationalen Studie zur politischen Bildung von Schülern und Lehrerstudenten eindrucksvoll belegte[11] – in einem verbreiteten Desinteresse der Lehrerstudenten an der politikwissenschaftlichen Grundausbildung nieder. Indem Stimpel dieses Desinteresse in Beziehung zu den (von ihm ebenfalls untersuchten) Schwächen der politischen Bildung in der Schule setzte, öffnete er den Blick auf einen gefährlichen circulus vitiosus: Die geringe Motivierung in der Schule findet ihre Entsprechung in der Lehrerausbildung, wo man der Beschäftigung mit politischen Fragen zumeist ausweichen kann; das geringe Interesse der künftigen Lehrer wirkt dann später in die Schule und auf die Schüler zurück. Das gilt übrigens, wie *Stimpel* nachweist, nicht nur für den Bereich der politischen Bildung als Unterrichtsfach und Erziehungsprinzip, sondern auch für zentrale Fragen der Bildungspolitik und Schulreform. Die in diesem Bereich der Lehrerausbildung festgestellten Mängel führen *Stimpel* zu der Vermutung, „daß eine durch die Lehrerbildung bewirkte größere Aktionsbereitschaft der meisten jungen Pädagogen im Hinblick auf eine tiefgreifende Veränderung und Verbesserung der Erziehungsverhältnisse nicht mit Sicherheit zu erwarten ist"[12].

Zwar hat seit diesen Erhebungen der Grad der Politisierung der Studentenschaft zugenommen, ob aber damit die Stimpelschen Schlußfolgerungen insgesamt überholt sind, dürfte zweifelhaft sein: nach wie vor umfaßt der Kreis der politisch aufgeschlossenen und aktiven Studenten nur eine Minderheit der Studentenschaft an den Lehrerausbildungsstätten. Außerdem sind Interesse und Engagement starken Schwankungen ausgesetzt und gekennzeichnet durch den Wechsel zwischen kurzzeitigen – meist emotional begründetem – Aktivismus und Apathie.

## II.

Ehe nun die Reformdiskussion über Stellung und Aufgaben der PW in der Grundausbildung der Lehrer im Fach selbst richtig begonnen hat, ist sie bereits von der allgemeinen Diskussion um die Reform der Lehrerausbildung insgesamt überholt worden. Die Problematik dieser allgemeinen Diskussion für die PW besteht darin, daß sie im wesentlichen ohne die Beteiligung dieses Faches abläuft und es in ihren bisherigen Ergebnissen auch kaum einschließt. Diese Entwicklung soll im folgenden in ihren Grundzügen dokumentiert werden.

Die Diskussion ist innerhalb der Erziehungswissenschaft bereits in der zweiten Hälfte der sechziger Jahre in Gang gekommen und hat sich in einer Reihe von Empfehlungen und Diskussionsbeiträgen niedergeschlagen[13]. Die weitere Erörterung ist dann entscheidend von der Bildungskommission des Deutschen Bildungsrates bestimmt worden[14].

Dabei wird in der Diskussion um die Neugestaltung des allgemeinen (grundwissenschaftlichen) Teils der Lehrerausbildung von dem Grundsatz ausgegangen, daß das Studium nicht mehr durch die Addition einzelner Wissenschaften mit je eigener Systematik strukturiert sein soll, sondern daß die Beteiligung der verschiedenen Disziplinen an dieser Grundausbildung und ihr Stellenwert hierbei von den Aufgaben des Lehrers in der künftigen Schule her neu bestimmt werden muß. Dementsprechend ist im Strukturplan den Vorschlägen zur Reform der Lehrerausbildung ein spezifizierter Katalog der Aufgaben des Lehrers vorangestellt[15]. Die Konferenz der Pädagogischen Hochschulen der BRD (KPH) hat in ihren Reformvorschlägen diesen Katalog in einer erweiterten Form übernommen. Auf diese Fassung soll im folgenden zurückgegriffen werden, da sie die möglichen Ansatzpunkte für die Beteiligung der PW besonders deutlich macht.

Die Aufgaben des Lehrers umfassen nach diesem Katalog[16]:

1. Erziehen und Lehren,
2. Beurteilen und Beraten,
3. Organisieren und Verwalten,
4. Innovieren und politisch Handeln.

In der Detailbeschreibung dieser Aufgaben sind für die PW insbesondere folgende Aussagen relevant:

a) „Der Lehrer muß . . . die Schule als gesellschaftliche Institution erkennen, die den Heranwachsenden im Prozeß der Sozialisation jene Wertvorstellungen und Verhaltensdispositionen vermittelt, mit denen ein soziales System sich selbst erhält. Als Erzieher muß er die Konsequenzen reflektieren, die sich aus der Vermittlung solcher gesellschaftlicher Normen für die Zukunft der Schüler ergeben und prüfen, ob die Anpassungsleistungen, die ein soziales System um seiner Reproduktion willen von der Schule fordert, mit ihrem programmatischen Ziel einer Erziehung zur Emanzipation und Personalisation zu vereinbaren sind."
b) Die künftige Gesamtschule als ein großes und kompliziertes Organisationssystem „kann nur dann in einem pädagogisch verantwort-

baren Sinne funktionsfähig erhalten werden, wenn jeder Lehrer fähig ist, an der Selbstverwaltung eines solchen Systems und an der Organisation von Lern- und Erziehungsprozessen im Rahmen dieses Systems sachkundig mitzuwirken. Das erfordert (u. a.) insbesondere die Fähigkeit . . . zur sicheren Handhabung demokratischer Verfahrensweisen bei kooperativ zu lösenden Aufgaben."

c) „Eine wesentliche Aufgabe seines Berufes ist es, Innovationen bewußt herbeizuführen. So wird der Lehrer zum Träger einer permanenten Reform des Schul- und Bildungswesens und damit gesellschaftlicher Verhältnisse. Das setzt voraus, daß der Lehrer politisch denken und handeln lernt."

Dieses über das traditionelle Berufsbild des Lehrers weit hinausreichende Aufgabenfeld macht eine breite „erziehungs- und gesellschaftswissenschaftliche Ausbildung"[17] erforderlich, die allerdings konsequent auf pädagogisch relevante Fragestellungen, Ergebnisse und Methoden der beteiligten Disziplinen bezogen sein soll: „Es ist Aufgabe der Psychologen, Soziologen, Politologen und anderer, in Zusammenarbeit mit den Pädagogen die Erkenntnisse dieser Bereiche aus den speziellen fachlichen Aspekten zu lösen und in die pädagogischen Zusammenhänge zu stellen, damit die entsprechenden Grundeinsichten den Studierenden für das Lehramt in einer hilfreichen Weise angeboten werden können. Das Angebot . . . kann nicht so erfolgen, daß Studierende an rein fachspezifischen . . . Lehrerveranstaltungen teilnehmen. Auch spezielle Vorlesungen für Lehrer, etwa aus der Sicht der Psychologie, der Soziologie oder der Politologie reichen für die hier konzipierte Lehrerbildung nicht aus. Es sind vielmehr organisatorische Formen im Bereich der Hochschule zu finden, die eine wissenschaftliche Kooperation der Fachvertreter zu dem speziellen Zweck der Lehrerbildung möglich machen."[18] Die KPH hat diese Überlegungen in den Vorschlag aufgenommen, das Studium solle „in zunehmendem Maße im Rahmen von interdisziplinären Studieneinheiten durchgeführt werden, die nach Problemfeldern und nicht nach der Systematik der beteiligten Disziplinen zu gliedern sind"[19].

Damit wird auch die bisherige eigenständige Position der PW und eine von der übrigen Ausbildung getrennte politische Bildungsaufgabe innerhalb der Grundausbildung der Lehrer abgelehnt. Neben der Tendenz zur Konzentration des Lehrerstudiums drückt sich hier auch – bezogen auf die PW – der Wandel der Auffassung über den zweckmäßigen Ansatzpunkt politischer Bildung aus: Sie soll von dem Bereich ausgehen, in dem der einzelne mit gesellschaftlichen und politischen Fragestellungen primär konfrontiert wird und in denen er sie am ehesten übersehen und verstehen kann – im Bereich seiner Arbeits- und Berufstätigkeit. Das bedeutet für die politische Bildung künftiger Lehrer, daß sie bei den gesellschaftlich-politischen Zusammenhängen von Erziehung, Ausbildung und ihren Institutionen anzusetzen habe.

Dieser Bereich wird in den meisten Präzisierungen des erziehungs- und gesellschaftswissenschaftlichen Studiums in ähnlichen Formulierungen als Bestandteil der Ausbildung erwähnt:

- „ökonomische, rechtliche und politische Aspekte von Bildung und Erziehung"[20];
- „politische und rechtliche Aspekte von Schule und Bildungswesen"[21];
- „politische Theorie von Erziehung und Schule"[22].

Zugleich aber beschränken sich die Empfehlungen auf diese allgemeinen Angaben; was *genau* unter den politischen Aspekten von Erziehung und Schule etc. zu verstehen ist, bleibt in den bislang vorliegenden Reformplänen offen – im Gegensatz zu den soziologischen und psychologischen Bereichen, die durchweg wesentlich ausführlicher behandelt werden.

Die Dominanz der Psychologie und Soziologie bei der Formulierung und Präzisierung des gesellschaftswissenschaftlichen Grundstudiums der Lehrer ist in *allen* Reformplänen und -überlegungen festzustellen und führt in einigen Fällen bis zum völligen Ausschluß der PW aus dem allgemeinen Teil der Lehrerausbildung: so in den Empfehlungen der Deutschen Gesellschaft für Erziehungswissenschaft[23], der Bundesassistentenkonferenz[24] und der nordrhein-westfälischen Lehrerausbildungskommission[25], die lediglich psychologische und soziologische Aspekte im Grundstudium berücksichtigen.

Eine andere Form der Ausklammerung besteht darin, im Katalog der zu behandelnden Bereiche die politischen Aspekte von Erziehung und Schule zu erwähnen, in den detaillierten Lehrplan die PW jedoch nicht einzubeziehen[26]. Ein ähnlicher Widerspruch tritt in einem neueren Sammelband zutage[27], wo zwar der PW ein eigener – für die hier erörterten Probleme leider wenig ergiebiger – Beitrag zugebilligt ist[28], in den erziehungswissenschaftlichen Beiträgen (trotz eines breiten gesellschaftswissenschaftlichen Ansatzes) die PW aber nicht in das Grundstudium einbezogen ist – im Gegensatz zu den anderen namentlich genannten Disziplinen[29].

Diese Tendenzen haben bereits 1969 ihren institutionellen Ausdruck gefunden bei der Konzipierung eines benachbarten Studienganges: Die KMK-Rahmenprüfungsordnung für das pädagogische Diplomstudium schließt in das für alle Studienrichtungen dieses Ausbildungsganges gemeinsame Grundstudium nur Erziehungswissenschaft, Psychologie und Soziologie ein[30]. Andere Disziplinen sind bei der Ausarbeitung dieser Rahmenordnung ausdrücklich ausgeklammert worden[31]. Die Hochschulen haben sich bei der Übernahme der Rahmenordnung in der Regel an diesen Ausschluß gehalten[32]; nur in Einzelfällen gibt es politologische Ergänzungen bzw. Alternativen[33].

Ähnliche Entwicklungen für die Reform der Lehrerausbildung sind zu befürchten; sie zeichnen sich in Einzelfällen bereits ab:

Der erste Kommissionsentwurf eines niedersächsischen Lehrerausbildungsgesetzes sah noch „Studien der Erziehungs- und Gesellschaftswissenschaften" vor[34] (wobei die daran zu beteiligenden Disziplinen allerdings nicht namentlich erwähnt wurden) – der zweite Entwurf spricht nur noch von „Studien der Erziehungswissenschaften"[35]. Welche Konsequenzen sich aus dieser Verkürzung im einzelnen ergeben, läßt sich noch nicht absehen; jedoch ist die Befürchtung nicht abwegig, daß bei der angestrebten Reform in Niedersachsen die (bislang nur in der Grundausbildung der Volksschullehrer vorgesehene) PW nicht als Bestandteil des allgemeinen Teils einer integrierten Lehrerausbildung berücksichtigt wird.

Die „Vorläufige Studienordnung für das erziehungs- und gesellschaftswissenschaftliche Teilstudium" in der integrierten Lehrerausbildung an den nordrhein-westfälischen Gesamthochschulen vom August 1973 berücksichtigt zwar die Politikwissenschaft mit der Begründung, daß „die Tätigkeit des Lehrers . . . stets in einem weiteren politisch-gesellschaftlichen Bezugsfeld zu sehen (ist)"[36] – aber einer der an der Vorbereitung der Studienordnung beteiligten Berater kritisiert, daß diese These in der Spezifizierung der Problemfelder dieses Teilstudienganges „kaum hinreichende, geschweige denn dem Sachzusammenhang von Erziehung, Politik und Gesellschaft entsprechende Berücksichtigung gefunden" hat[37]. Ausdrücklich werden die Verständigungsschwierigkeiten zwischen Erziehungs- und Politikwissenschaftlern in dieser Vorbereitungsarbeit betont[38].

## III.

Insgesamt läßt sich sagen, daß die bisherige Reformdiskussion und Planungsarbeit kaum unter Mitwirkung der PW erfolgte. Aber auch dort, wo die Mitarbeit einzelner Politikwissenschaftler in den Gremien bekannt ist, hat sie sich nicht in einer Präzisierung der ‚politologischen Aspekte' der Grundausbildung niedergeschlagen. Das ist nicht verwunderlich, wenn man berücksichtigt, daß diesen Fachvertretern – anders als den Psychologen und Soziologen[39] – die Unterstützung durch eine breite Diskussion im Fach über die Beteiligung an der grundwissenschaftlichen Lehrerausbildung fehlte.

Die dazu bisher vorliegenden Publikationen sind spärlich: Die Beiträge von *v. Krockow* und *Freiwald*[40] sehen zwar die Beteiligung der PW vor, lassen aber die Frage der Kooperation in concreto offen; lediglich *Hartwich* geht in einem neueren Aufsatz[41] auf die möglichen Inhalte eines unter Beteiligung der PW erfolgenden erziehungs- und sozialwissenschaftlichen Studiums aller Lehrer ein. Dabei konzentriert er sich allerdings nur auf einen Bereich: den der politischen Sozialisation. Den umfassendsten Ansatz bietet bisher Steins „Plädoyer für eine Politische Pädagogik"[42]; er bedarf allerdings noch der Ausarbeitung im Detail.

Diesen ersten Bemühungen um eine berufsfeldspezifische Neuorientierung der PW in der grundwissenschaftlichen Lehrerausbildung stehen allerdings Bestrebungen entgegen, die PW vor einer solchen Entwicklung zu bewahren zugunsten einer Konzeption, die das Fach als Kern eines gesellschaftswissenschaftlichen Studium Generale für alle sozialwissenschaftlichen Studiengänge versteht[43]. Da dieser Vorschlag aber den dargestellten Stand der erziehungswissenschaftlichen und bildungspolitischen Diskussion zur Reform der Lehrerausbildung unberücksichtigt läßt, dürfte er zumindest für diesen Bereich kaum praktische Bedeutung gewinnen.

Wenn die PW Wert auf künftige Beteiligung an einer integrierten erziehungs- und gesellschaftswissenschaftlichen Grundausbildung aller Lehrer legt (und sich nicht nur auf die Beteiligung an der Ausbildung von Fachlehrern für politischen Unterricht beschränken will), so muß sie die bereits erwähnte, vom Bildungsrat an Soziologen, Psychologen und Politologen gestellte Aufgabe angehen, „die Erkenntnisse dieser Bereiche aus den speziellen fachlichen Aspekten zu lösen und in die pädagogischen Zusammenhänge zu stellen". Soziologie und Psychologie haben dieser Forderung bereits weitgehend Rechnung getragen durch die Entwicklung spezieller Lehr- und Forschungsbereiche für die pädagogische Grundausbildung (‚Pädagogische Psychologie', ‚Soziologie der Erziehung'). Die systematische Entwicklung eines Spezialbereichs ‚Politikwissenschaft der Erziehung und Schule' steht noch aus.

Lernziele und -inhalte dieses Ausbildungsbereichs müssen von dem neuen Berufsverständnis des Lehrers als Sozialisations- und Innovationsexperten her bestimmt werden, wie es oben in Anlehnung an die Aussagen der Konferenz der Pädagogischen Hochschulen dargestellt wurde. Die dort genannten Aufgaben des Lehrers erfordern von der Politikwissenschaft die Einbeziehung von Grundfragen und aktuellen Problemen

- der politischen Funktion von Erziehung sowie des politischen Sozialisationsprozesses,
- der Schule als sozialer und politischer Institution,
- der Bildungspolitik im Rahmen des gesellschaftlich-politischen Systems

in ihr Lehrangebot für die erziehungs- und gesellschaftswissenschaftliche Ausbildung aller Lehrer.

Der politische Bildungsauftrag der Schule beschränkt sich nicht auf den politischen Fachunterricht, sondern umfaßt als allgemeines Erziehungs- und Unterrichtsprinzip alle Schulfächer und das gesamte Schulleben. Die sich dabei ergebenden Probleme der politischen Funktion der Erziehung und der latenten und manifesten Sozialisationsprozesse – innerhalb und außerhalb der Schule – hat die Politikwissenschaft zum Gegenstand der grundwissenschaftlichen Ausbildung aller Lehrer zu machen.

Zu der von den Reformplänen intendierten Mitwirkung des Lehrers an der Selbstverwaltung und der weiteren Reform der Schule kann die PW beitragen durch die Analyse der objektiven Voraussetzungen der Selbständigkeit und Mitwirkung des Lehrers. Diese Analyse ist unter doppeltem Aspekt zu leisten:

- unter dem Aspekt der Schule als öffentlicher Institution im Schnittpunkt der Einflußnahme von Staat (d. h. hier Bund, Ländern und Gemeinden), Eltern und organisierter Interessen. In diesem Bereich liegt der Beitrag der PW vor allem in der Verbindung von demokratietheoretischer und organisationssoziologischer Analyse. Der künftige Lehrer muß die Möglichkeiten und Grenzen seiner Mitbestimmung in der Schule kennen und als Beispiel für die allgemeine Problematik der Demokratisierung gesellschaftlicher Bereiche analysieren können.
- Der zweite Aspekt betrifft den Lehrer im Rollenkonflikt als Beamter und kritischer Erzieher. Hier hat die PW durch Verbindung von verfassungspolitischer und demokratietheoretischer Analyse beizutragen zu der aktuellen Frage: „Wie mündig müssen Lehrer sein dürfen?"[44]

Die Beantwortung dieser Frage ist auch entscheidend für den dritten Aufgabenbereich des Lehrers: den des Innovierens und politischen Handelns. Zum ‚Träger einer permanenten Reform des Schul- und Bildungswesens' kann der Lehrer nur werden, wenn er die Bedeutung der einzelnen Reformmaßnahmen im bildungs- und gesellschaftspolitischen Zusammenhang erkennen und bewerten kann. Deshalb muß er bereits in der Grundausbildung mit den gegenwärtigen bildungspolitischen Konzeptionen und den sich in ihnen ausdrückenden gesellschaftspolitischen Leitbildern und Interessen vertraut gemacht werden; außerdem muß er den Ablauf der politischen Entscheidungsprozesse sowie der Möglichkeiten und Grenzen der Einflußnahme auf sie kennenlernen.

Die Bewältigung dieser Aufgaben erfordert von der Politikwissenschaft eine enge Kooperation mit den übrigen am erziehungs- und gesellschaftswissenschaftlichen Studium beteiligten Disziplinen – mit dem Ziel einer Gliederung des Grundstudiums nach pädagogischen Problemfeldern (anstatt nach beteiligten Disziplinen).

Für alle hier genannten Bereiche einer politikwissenschaftlichen Beteiligung an der Grundausbildung der Lehrer ist eine Behandlung in interdisziplinären Studieneinheiten nicht nur möglich, sondern geradezu erforderlich. Die Entwicklung einer ‚Politikwissenschaft der Erziehung und Schule' ist deshalb auf ihre Überwindung der Stellung als selbständiger Teildisziplin der Grundausbildung gerichtet; sie ist ein Beitrag nicht nur zur inhaltlichen, sondern zugleich auch zur studienorganisatorischen Reform der Lehrerausbildung.

In den bisherigen Diskussionen über die (hier nur ansatzweise entwickelte) Konzeption ist verschiedentlich die Befürchtung geäußert worden, die Konzentration auf den Bildungsbereich würde von ‚der Politik' und den gesamtgesellschaftlich relevanten Konflikten ablenken und den Spezialbereich ‚PW der Erziehung und Schule' von der ‚allgemeinen' PW isolieren. Die Konzentration auf das Berufsfeld des Lehrers schließt aber die Berücksichtigung gesamtgesellschaftlicher Aspekte und Konflikte nicht aus, sondern unabdingbar ein. Das sollte bereits aus den obigen knappen Ausführungen deutlich geworden sein, im übrigen aber bei der Umsetzung dieser Konzeption in detaillierte Lernangebote unbedingt beachtet werden. Außerdem umschreibt der hier entwickelte Aufgabenkatalog lediglich das unverzichtbare Minimum politikwissenschaftlicher Beteiligung an der Grundausbildung der Lehrer. Je nach der verfügbaren Ausbildungszeit können verschiedene Ergänzungen und Variationen entwickelt werden. Sie müßten sich jedoch in den hier skizzierten Gesamtzusammenhang der Reform der Lehrerausbildung einfügen.

*Anmerkungen*

1 Der vorliegende Beitrag ist die überarbeitete Zusammenfassung eines Berichts für den Vorstand und Wissenschaftlichen Beirat der Deutschen Vereinigung für Politische Wissenschaft vom September 1972 und eines Thesenpapiers für den Hamburger Kongreß der Vereinigung im Oktober 1973.
2 Vgl. dazu die Einleitung von Heinrich Schneider zu: Aufgabe und Selbstverständnis der Politischen Wissenschaft. Darmstadt 1967, S. XI ff.
3 Vorläufige Grundsätze zur politischen Bildung an den Schulen und Hochschulen. Beschluß der KMK vom 15. 6. 1950. Abgedruckt in: Karl Borcherding: Wege und Ziele politischer Bildung in Deutschland. Eine Materialsammlung. München 1965, S. 67 f.
4 Rainer Lepsius: Denkschrift zur Lage der Soziologie und der Politischen Wissenschaft. Wiesbaden 1961, S. 87.
5 Beschluß der KMK vom 11./12. 2. 1960 über die Behandlung der jüngsten Vergangenheit im Geschichts- und Gemeinschaftskundeunterricht. Vgl. Borcherding, a. a. O., S. 88.
6 Anhang zu: Christian Graf von Krockow: Sozialwissenschaften, Lehrerbildung und Schule. Opladen 1969, S. 45 ff.
7 Heinrich Schneider: Pädagogische Hochschule und Politische Wissenschaft. Würzburg 1965, S. 42 f.
8 Vgl. dazu außer Schneider, a. a. O., S. 39 f., vor allem: Heinrich Bußhoff: Politikwissenschaft und Pädagogik. Berlin 1968, S. 113 f.
9 Bußhoff, a. a. O., S. 116.
10 Vgl. dazu u. a. Frieder Naschold: Politische Wissenschaft – Entstehung, Begründung und gesellschaftliche Einwirkung. Freiburg und München 1970, S. 59.
11 Hans-Martin Stimpel: Schüler, Lehrerstudenten und Politik. Ein internationaler Vergleich. Teil I. Göttingen 1970, S. 77 ff.
12 Stimpel, a. a. O., S. 94.
13 Vgl. insbes. Das Kernstudium der Erziehungswissenschaft für die pädagogischen Ausbildungsgänge. Hrsg. von der Deutschen Gesellschaft für Erziehungswissenschaft. Weinheim 1968. Zur Reform des pädagogischen Studiums und der Lehrerausbildung. Hrsg. von Hans-Karl Beckmann, Weinheim 1968. Zum Aufbau des Pädagogikstudiums für Lehrer. Neue Folge der Ergänzungshefte zur Vierteljahresschrift für Wissenschaftliche Pädagogik, Heft 8. Bochum 1968.
14 Strukturplan für das Bildungswesen. Empfehlungen der Bildungskommission des Deutschen Bildungsrates. Stuttgart 1970. Materialien und Dokumente zur Lehrerbildung. Gutachten und Studien der Bildungskommission des Deutschen Bildungsrates, Band 17. Stuttgart 1971.
15 Strukturplan, a. a. O., S. 217 ff.
16 Vorschläge zur Reform von Schule und Hochschule. Hrsg. von der Konferenz der Pädagogischen Hochschulen. Weinheim 1970, S. 19 ff.
17 Strukturplan, a. a. O., S. 222.
18 Strukturplan, a. a. O., S. 247 ff.
19 Vorschläge der KPH, a. a. O., S. 23.
20 Strukturplan, a. a. O., S. 225.
21 Materialien und Dokumente, a. a. O., S. 112.

22 Die Ausbildung der Lehrer und Erzieher mit Hochschulstudium. Stellungnahme des Hauptausschusses der GEW vom 11. 4. 1970. Abgedruckt in: Materialien zur Lehrerausbildung (1). Hrg. vom VDS. Bonn o. J.
23 Das Kernstudium der Erziehungswissenschaft, a. a. O., S. 14.
24 Integrierte Lehrerausbildung. Schriften der BAK, Heft 7. Bonn 1970, S. 29.
25 Lehrer 1980, Lehrerbildung für die künftige Schule. Düsseldorf 1970, S. 66.
26 Zur Reform des pädagogischen Studiums, a. a. O., S. 30 ff.
27 Lehrerausbildung auf dem Wege zur Integration. 10. Beiheft der Zeitschrift für Pädagogik. Weinheim 1971.
28 Helmut Freiwald: Antwort an die Erziehungswissenschaft aus der Sicht der Politikwissenschaft, a. a. O., S. 123 ff.
29 Georg Rückriem: Stellung und Funktion der Erziehungswissenschaft in der Lehrerbildung, a. a. O., S. 109 ff. Tobias Rülcker: Die Funktion der Erziehungswissenschaft in der Lehrerbildung, a. a. O., S. 117 ff., insb. S. 120.
30 Rahmenordnung für die Diplomprüfung in Erziehungswissenschaft. Beschluß der KMK vom 20. 3. 1969.
31 C.-L. Furck: Begründung zur Rahmenordnung für die Diplomprüfung in Erziehungswissenschaft. Manuskript, Berlin 1968, S. 11 f.
32 Lothar Martin: Diplom-Pädagoge, Blätter zur Berufskunde, Band 3. Bielefeld $^{2}$1972, S. 17.
33 An der PH Bremen schließt die Soziologie-Prüfung wahlweise ‚Soziologie der Politik' ein; an der PH Westfalen-Lippe können Diplomstudenten, die zugleich eine Lehramtsprüfung anstreben, anstelle von Soziologie oder Psychologie auch Politikwissenschaft wählen.
34 § 8, Abs. 1 des Kommissionsentwurfes für ein Niedersächsisches Lehrerausbildungsgesetz. In: Erziehung und Wissenschaft. Ausgabe Niedersachsen. Nr. 2/1972, S. 4.
35 Gesetz über die Ausbildung der Lehrer in Niedersachsen, § 8, Entwurf vom 15. 3. 1972. Manuskriptdruck, S. 3.
36 Zitiert nach den Amtlichen Mitteilungen der Gesamthochschule Duisburg Nr. 17/1973, S. 2.
37 Gerd Stein: Plädoyer für eine Politische Pädagogik. Ratingen 1973, S. 71.
38 Stein, a. a. O., S. 67.
39 Vgl. dazu die Beiträge von Hansen und Mangold in: Psychologie und Soziologie in ihrer Bedeutung für das erziehungswissenschaftliche Studium. 6. Beiheft der Zeitschrift für Pädagogik. Weinheim 1966; von Mangold, Strzelewicz, Mühle und Bittner in: Das Kernstudium der Erziehungswissenschaft, a. a. O.; von Lüttge und Achinger/Feldmann in: Lehrerausbildung auf dem Wege zur Integration, a. a. O.
40 Vgl. Anmerkungen Nr. 6 und 28.
41 Hans-Hermann Hartwich: Perspektiven des Faches ‚Sozialkunde' im Rahmen der Bildungsreformen. In: Gegenwartskunde. Opladen 21 (1972), Heft 1, S. 3 ff. Entgegen der Titelangabe behandelt H. in diesem Beitrag nicht nur Fragen der fachlich-didaktischen Ausbildung von Sozialkundelehrern, sondern auch der politikwissenschaftlichen Grundausbildung aller Lehrer.
42 A. a. O., insbes. Kap. XI–XIII. Bei dieser Arbeit ist allerdings zu berücksichtigen, daß der Verfasser von der Erziehungswissenschaft zur Politikwissenschaft gekommen ist!

43 Rolf Richard Grauhan und Wolf-Dieter Narr: Studium der Sozialwissenschaft – demonstriert a. d. Politikwissenschaft. In: Leviathan. Zeitschrift für Sozialwissenschaft. Düsseldorf 1 (1973), S. 91–134.

44 Vgl. dazu den gleichnamigen Beitrag von Hans-Hermann Hartwich in: Wie links dürfen Lehrer sein? Hrsg. von Erich Frister und Luc Jochimsen, Hamburg 1972, S. 33 ff.

*Dietrich Thränhardt*

# Politikwissenschaft in der allgemeinen Lehrerausbildung – Ein Defizit und seine Überwindung

Daß Schule und Erziehung politisch prägen, ist nie angezweifelt worden. Umstritten dagegen blieb, ob dieser Prozeß von den Beteiligten reflektiert und beeinflußt werden dürfe. Die entsprechenden politischen Strukturen sind am besten aus ihrer historischen Entstehung zu erklären. In vielen Fällen sind ihnen später neue Begründungszusammenhänge aufgestülpt worden, die die Analyse erschweren. Der historische Kontext soll deshalb hier zunächst relativ breit entfaltet werden. Anschließend werden die Arbeitsfelder der Politikwissenschaft in der Grundausbildung von Lehrern heute skizziert.

## *1. Politische Tradition der deutschen Schule*

Schon in dem Bericht der Kommission für das Unterrichtswesen, den Condorcet 1792 der französischen Nationalversammlung vorlegte, wird die institutionalisierte Reflexion und Kommunikation aller Beteiligten gefordert. Über die Schule hinaus sollen in regelmäßigen öffentlichen Konferenzen unter Beteiligung von Bürgern aller Altersstufen Erziehung, Politik und andere gesellschaftliche Themen diskutiert werden.[1] Alles kann dabei zur Debatte gestellt werden, auch die Schule selbst und sogar die neugeschaffene Verfassung. Das Unterrichtswesen ist nicht der Regierung, sondern nur dem Parlament zugeordnet, um es „jeder politischen Bevormundung zu entziehen".[2] Innerhalb dieses autonomen Organismus sollen „gesellschaftliche Funktionen, wie z. B. Wahlen, Ordnung einer Versammlung etc." ohne Schematismus geübt werden.[3] Nicht denkbar schien das alles ohne politische Wissenschaften.

„Niemals wird sich ein Volk einer beständigen und gesicherten Freiheit erfreuen, wenn nicht der Unterricht in den politischen Wissenschaften allgemein ist, wenn er nicht unabhängig ist von allen gesellschaftlichen Institutionen."[4]

Die Grundgedanken aufklärerisch-revolutionären Liberalismus, wie wir sie in den Schriften von Condorcet, Lepelletier, ohne den politischen Kern auch bei Lessing, Herder oder Trapp finden[5], können auch für den Komplex Schule/Politik immer noch die Grundlinien der Diskussion bestimmen.[6]

Als Aufgabenbereiche der politischen Wissenschaften im Rahmen der Vorschläge Condorcets können bestimmt werden: Verbindung der allgemeinen politischen Debatte und der Diskussion im Bildungsbereich, Reflexion über die Organisation und Administration, Konkretisierung der an den Prinzipien Gleichheit und Freiheit zu messenden Inhalte. Dazu gehört auch das von Condorcet durchaus angesprochene Problem der ökonomischen Ungleichheit und seiner Auswirkungen auf den Bildungsbereich.[7]

Im Deutschland des 19. Jahrhunderts wurde ein total entgegengesetztes Programm verwirklicht. Der Kampf gegen die Aufklärung im Bildungsbereich wurde zunächst mit administrativen Zwangsmitteln und dem Rückgriff auf die hergebrachte Religion geführt. Schon 1788 ging man dazu über, „schematische Gesinnungsprüfungen" abzuhalten.[8] Da die Staatsorganisation sowieso immer hierarchisch geblieben war, mußte sie nur aktiviert und gesäubert werden. Öffentliche politische Debatten hatte es ebenfalls kaum gegeben. Im Vormärz konzentrierte sich die bürokratische Unterdrückung vor allem auf die Intelligenz, nach der Revolution von 1848/49 wurde sie vor allem auf die Schulbildung der breiten Massen gerichtet, also auf die Volksschulen, die Lehrerbildung und ihre Inhalte, mit bürokratischer Überwachung bis zum persönlichen Bereich sowie im sozialen Umfeld.[9] Durch das ganze Jahrhundert hindurch bis zu den Anregungen im Reichstag 1888 lassen sich dabei Bemühungen verfolgen, die Volksbildung auf die notwendigsten Kulturfertigkeiten und die staatserhaltende Ideologie, vor allem Religion und Monarchie-Geschichte, zu beschränken.[10]

Für alle Bildungseinrichtungen wird eine systematische Entpolitisierung erzwungen.[11] Entpolitisierung heißt hier aber nur Verbot aller selbständigen politischen Äußerungen, Verbindungen und Regungen, bis hin zur kasernierten Erziehung in den Lehrerseminaren.[12] Konsequente politische Erziehung fand dagegen insofern statt, als alle Maßnahmen darauf gerichtet waren, die bestehenden Verhältnisse zu garantieren. Der Rückgriff auf vor-aufklärerische Inhalte und Normen, vor allem im Religionsunterricht, und die Schaffung relativ primitiver Verhältnisse, wie die Förderung einklassiger Schulen und die Verlegung der Lehrerseminare aufs Land, gehören ebenfalls in diesen Zusammenhang. *Friedrich Julius Stahl* hat den Gegensatz scharf formuliert[13]:

„Die Regulative wollen, daß gegebene Wahrheiten, gegebene Pflichten, gegebene Zustände begriffen werden. Das entgegenstehende System will dagegen, daß alle Wahrheiten, alle Pflichten, alle Zustände nicht als gegeben angesehen werden, sondern erst aus dem Denken des Zöglings entwickelt werden, daher auch in Frage gestellt werden sollen, wenn dieses Denken sich nicht ergibt. Man will den Zögling von vornherein auf den Standpunkt stellen, alles nur aus seinen Vorstellungen und Gedanken abzuleiten, alles zu untersuchen, ob es sich aus ihnen ergibt, und nicht als Wahrheit anzunehmen, was sich nicht aus ihnen ergibt. Deswegen wollen die Regulative den Jüngling erziehen zum Glauben an gegebene Wahrheiten, zur Liebe für gegebene Zustände. Dagegen ist die Aufgabe des entgegenstehenden Systems, ihn zu erziehen zur Kritik, zum Verlangen nach Verbesserung, nach Umänderung alles Bestehenden."

Die Konzentration auf repressive Maßnahmen und vorindustrielle Inhalte versprach allerdings keinen permanenten Integrationserfolg. Seit 1890 kam die verstärkte klassenmäßige Sonderung der verschiedenen Schichten der Schüler hinzu, vor allem mit der Einführung der Realschulen für die Mittelschicht. Der Nationalismus als Integrationsideologie konnte im Gegensatz zu restaurierten Inhalten aus der voraufklärerischen Zeit wieder *alle* Klassen einbeziehen. Er war nicht mehr nur Ideologie, die für das Volk verordnet wurde[14], sondern auch Ideologie der Führungsschichten.

Das setzte den Zerfall der wissenschaftlichen Politik voraus, der inzwischen eingetreten war. Seit der ersten Hälfte des 19. Jahrhunderts war behördlicher Druck ausgeübt worden, um die wissenschaftliche Reflexion über Politik zu unterbinden oder inhaltlich zu verändern (bis hin zu den Formulierungen in der Hegelschen Rechtsphilosophie mit ihrer zweideutigen Identität von Wirklichem und Vernünftigem); am Ende des Jahrhunderts war politische Wissenschaft weder als Fach noch in zentralen Kategorien existent. Sichtbar wird das an der berühmten Freiburger Antrittsrede *Max Weber*s 1891 zu einem politischen Themenkomplex, in der imperialistische, sozialdarwinistische und nationalistische Begriffe bestimmend sind. Später schließt sich etwa der Dezisionismus *Carl Schmitt*s mit seiner Instrumentalisierung von Begriffen für den politischen Kampf an, der schon aus dem Titel eines seiner im Dritten Reich erschienenen Bücher hervorgeht: „Positionen und Begriffe im Kampf mit Weimar, Genf, Versailles".[15]

*Hennis* hat den Zersetzungsprozeß beschrieben, in dem sich eine Reihe „autonomer" Wissenschaften aus der Politik ausgliederten, bis von ihr selbst nichts mehr übrigblieb.[16] Das gilt z. B. für die Geschichte im Anschluß an Ranke, der geschichtliche Phänomene „von keinem höheren Prinzip ableiten"[17] zu können glaubte (dabei aber einen konservativ-legitimistischen Standpunkt streng durchhielt). Gegen Ende des Jahrhunderts wurde in der deutschen Historie deutscher Nationalismus bzw. Imperialismus zum Selbstzweck, einschließlich der innenpolitischen Ziele, denen das diente.[18] Ebenso trennte der Rechtspositivismus das Recht von seinen gesellschaftlichen Zwecken und Bedingungen und machte es damit beliebig funktionabel[19], ähnlich der Positivismus in den anderen Wissenschaften. Die politische Ökonomie wurde zur „Nationalökonomie" umgestaltet. Noch *Karl Mannheim* konstatierte verwundert, es gebe ebensowenig eine adäquate Pädagogik wie eine wirklich wissenschaftliche Politik.[20] Die Pädagogik, die durch jahrzehntelange Bemühungen des Obrigkeitsstaates ebenfalls entpolitisiert war, bestand fast ausschließlich aus relativistischen oder aus unkritisch-emotionalen Richtungen.

Im Wilhelminismus war ein Bildungssystem entstanden, das in sich geschlossen war und durch das Zusammenwirken seiner einzelnen Teile einen wirkungsvollen Beitrag zu Klassenherrschaft, „Autoritätskultur" und der ihnen entsprechenden politischen Sozialisation leistete, während gleichzeitig Ausbildung möglich war, die den Bedürfnissen der Industrie entsprach. Klassenstruktur (mit Hilfe von Schulgeld und Kapazitätsbeschränkungen gestufter Zugang zur höheren bzw. Realschule), Ausrichtung der Inhalte (stoffmäßig und ideologisch nach den Schultypen differenziert, aber gleichgerichtet), bürokratisch-hierarchische Kontrolle über die Selektion der Lehrer (Ausschluß von Sozialdemokraten, Juden etc.), über das Verhalten der Lehrer (Beamtenstatus, Disziplinarrecht, Beförderungsmonopol der Schulverwaltung) und schließlich durch die Lehrer über die Schüler.

Dieses Bildungssystem, aus den politischen Bedürfnissen des Obrigkeitsstaates entstanden[21], ist bis heute im großen und ganzen intakt geblieben. Wesentliche Änderungen, ob sie nun Inhalte, Gliederung der Schulen, Lehrerausbildung und -status oder Hierarchie und Bürokratie betreffen, sind schwer durchsetzbar, wie das Echo auf die Hessischen Rahmenrichtlinien, auf die Gesamtschulversuche, die Lehrerbildungsreform und das Konzept des Bildungsrates zur Organisationsreform des Bildungswesens beweisen. Nach den weitgehend gescheiterten Veränderungsversuchen der Nachkriegszeit[22] ist aber immerhin zu konstatieren, daß es in allen Bereichen nicht nur Veränderungsprogramme, sondern auch -ansätze gibt.

*2. Arbeitsfelder der Politikwissenschaft*

Nach der Einrichtung politikwissenschaftlicher Lehrstühle an den Pädagogischen Hochschulen zur Mitwirkung bei der Grundausbildung[23] wurde zunächst weitgehend Politikwissenschaft mit den in den 50er Jahren entwickelten Vorstellungen betrieben. An verschiedenen Orten hat sich seitdem eine verstärkte Konzentration auf Gebiete ergeben, die mit dem Berufsfeld der Auszubildenden zusammenhängen.[24] Gründe der Effizienz der Ausbildung, der Motivation der Studenten, des Praxisbezugs und der sinnvollen Gliederung des Grundstudiums sprachen dafür. Dabei ergab sich einerseits eine Überlappung mit dem Fach Pädagogik, andererseits blieb durch die Ausbildung und meist auch durch die Forschungsschwerpunkte der beteiligten Politologen der Zusammenhang mit der Politikwissenschaft und ihren Fragestellungen und Analysen gewahrt. Die beteiligten Politologen verstehen sich im allgemeinen in Analogie zu den „Bindestrich-Soziologien": als Politologen, die ein bestimmtes gesellschaftliches Feld bearbeiten. Im allgemeinen herrscht auch Übereinstimmung darüber, daß keine Fach-Exklusivität gesucht werden sollte, sondern alle im folgenden behandelten Gebiete grundsätzlich auch von Pädagogen bearbeitet werden können.

Die Begründung für die Beschäftigung von Politikwissenschaftlern mit diesem Bereich – zusätzlich zu den schon etablierten Pädagogen, Soziologen und Psychologen – ergibt sich aus der im Vorhergehenden dargestellten Bezogenheit von politischem System als ganzem und Ausbildungssektor, die auch in zusammenhängenden Fragestellungen behandelt werden muß. Sodann auch aus der Lage der Forschung und Lehre, in der das behandelte Gebiet – von beiden Seiten – unterrepräsentiert ist[25] und zum Gegenstand spekulativer Begrifflichkeiten wird, die empirisch und theoretisch zu überprüfen sind.

Sieht man den Kern von Politik[26] in der Wahl zwischen alternativen Entscheidungen, dem Entscheidungszwang, und damit einerseits der Veränderbarkeit und Machbarkeit sozialer Verhältnisse, andererseits widersprüchlicher gesellschaftlicher Interessen und dem „Systemzwang" bei Vorherrschen eines Interesses oder eines Sets von Interessen, dann hat Politikwissenschaft die Aufgabe, bestehende Alternativen in ihren Auswirkungen zu verdeutlichen, „Sachzwänge" zu hinterfragen, Entscheidungsprozesse und die einwirkenden Faktoren zu analysieren, Verschleierungen und Ideologien offenzulegen. Das gilt auch für historisch Festgeschriebenes, in den Köpfen Festsitzendes. Schließlich können Veränderungsstrategien, Reformmöglichkeiten unter den gegebenen Machtverhältnissen analysiert werden (policy sciences, Politikberatung). Selbstverständlich muß dabei das erkenntnisleitende Interesse offengelegt werden, auch in seiner gesellschaftlichen Funktion.

Aus der „Struktur der gegebenen gesellschaftlichen Wirklichkeit"[27] ergeben sich im Bildungsbereich drei Komplexe politikwissenschaftlicher Forschung und Lehre, die denjenigen entsprechen, die im ersten Teil ebenfalls als Elemente von Autonomie bzw. politischer Steuerung des Bildungswesens genannt worden sind:

a) Inhalte und Einstellungen,
b) Organisation,
c) Bildungspolitik (Gesamtgesellschaftliche Entscheidungsprozesse in Bezug auf das Bildungswesen).

Schon beim ersten Blick auf diesen Katalog wird deutlich, daß die drei Gebiete von der Politikwissenschaft in sehr unterschiedlicher Intensität bearbeitet worden sind. Das liegt zunächst an der Nähe des Punktes (c) zur traditionellen Politikwissenschaft, während vor allem (a) erst seit dem Streit um die Rahmenrichtlinien auffällige politische Brisanz bekommen hat. Beim Vorliegen umfangreicher Literatur kann darauf zurückgegriffen werden, in anderen Bereichen der folgenden Übersicht kann auf wünschbare Forschungsschwerpunkte hingewiesen werden. Einschränkend muß hinzugefügt werden, daß die folgende Übersicht nicht vollständig oder erschöpfend sein kann.

### a) Inhalte und Einstellungen

Bis zum aufgeregten Streit um die Hessischen Rahmenrichtlinien für die Fächer Deutsch und Gesellschaftslehre hat weder die Politik noch die Politikwissenschaft von Lehrmaterialien viel Notiz genommen. Zwar liegen eine ganze Reihe von Schulbuchuntersuchungen vor, meist von Soziologen, Pädagogen oder Journalisten verfaßt.[28] Die Lehrpläne blieben dagegen fast unbeachtet, obwohl dort dieselben Tendenzen zu finden waren wie bei den Schulbüchern.

Mit der Entwicklung inhaltlicher Kritik kann die Politikwissenschaft auch Kontakt mit anderen Fächern finden und Konzepte aus anderen Bereichen neu anwenden. Beispielsweise findet die „Sachzwang-These" Schelskys, die in den Sozialwissenschaften kaum mehr vertreten wird, neuerdings als „Sachkunde" mit „Sachlichkeits"-Ideologie Eingang in die Grundschulen und soll dort die unglaubwürdig gewordene Heimatkunde substituieren.[29] Die Sozialwissenschaften nehmen von dieser für die Sozialisation wichtigen Entwicklung kaum Kenntnis.

Trotz der vielfach am Gegenstand vorbeischießenden und wenig argumentativen Kritik kann die Auseinandersetzung um die hessischen Rahmenrichtlinien und die ihnen zugrunde liegenden klassenspezifischen, fachpatriotischen und anti-sozialwissenschaftlichen Tendenzen zum Gegenstand der Analyse werden. Dabei kann hier – dieses Urteil soll an anderer Stelle näher belegt werden – die Häufung der Kritik nur dadurch erklärt werden, daß in den Rahmenrichtlinien die oben skizzierten wilhelminischen Inhalte und Facheinheiten beseitigt werden sollten.[30]

Eine Untersuchung der Inhalte von Lehrplänen und Unterrichtsmaterial bietet sich gerade für Einführungskurse für Lehrerstudenten an. Sie muß verschiedene Fächer umfassen (bis hin etwa zum ständig auftauchenden Leistungsbegriff im Sport), aber mit möglichst einheitlichen Kategorien arbeiten. Auch die historische Dimension und die Medien außerhalb des Schulbereichs (Lexika, Zeitungen, Schlagertexte etc.) sollten vergleichend einbezogen werden.

Auch eine weiterführende Analyse der Wirkung von Schulunterricht auf die Einstellungen von Kindern setzt derartige inhaltsanalytische Untersuchungen voraus. Dabei kann an die entsprechenden amerikanischen Untersuchungen[31] angeknüpft werden. Für Deutschland liegen derartige Beschreibungen der Entwicklung politischer Einstellungen im Schulalter bisher nicht vor.[32] Nur an die Untersuchungen *Jaide*s über Jugendliche wäre anzuknüpfen.[33] Bisher können über die politischen Einstellungen bei deutschen Schülern nur Annahmen gemacht werden, die auf individuellen Erfahrungen oder vorgefaßten Meinungen beruhen. Die amerikanischen Untersuchungen beschränken sich bisher auch nur auf einzelne Ortsteile[34] und sind nicht repräsentativ für das ganze Land. Noch weniger sind sie direkt auf Deutschland übertragbar.

### b) Organisation

Unter Schulorganisation sind verschiedene Problemzusammenhänge zu nennen. Der aktuellste ist die Gliederung des deutschen Schulwesens in drei status- und klassenmäßig getrennte Schultypen und die intendierte Zusammenfassung in Gesamtschulen. Für die Grundschule ist die entsprechende Veränderung nach dem ersten Weltkrieg geschaffen worden. Innerhalb der Gesamtschulen wären weiter die verschiedenen Probleme der Differenzierung und Gruppierung und der schichtspezifischen Inhalte zu nennen.[35]

Ein zweites Gebiet, auf das sich die gegenwärtige Reformdiskussion bezieht, ist das der innerschulischen Willensbildung. Nach der Resignation über die Scheinbeteiligung durch die „Schülermitverwaltung"[36] sind eine Vielzahl von Modellen zur Beteiligung der Lehrer, Schüler und Eltern entwickelt worden, die sich großenteils an der Diskussion im Hochschulbereich orientierten. In Hamburg ist das überlieferte hierarchische Modell durchbrochen worden, indem die Rektoren auf Zeit gewählt werden. Zu erwarten ist, daß auch die Mitwirkungsrechte von Eltern und Schülern gestärkt werden. Eine politikwissenschaftliche Untersuchung der neuen Modelle[37] fehlt. Bei der Lehrerausbildung ist dieses Thema zentral; es sollte auch für die Praxis in den Hochschulen Konsequenzen haben.

Das Kerngebiet schulischer politischer Sozialisation, die Strukturierung der Beziehung des Lehrer-Schüler- und des Schüler-Schüler-Verhältnisses im Unterricht, ist von derartigen Organisationsmodellen bisher kaum berührt worden. Der Frontalunterricht scheint sich seit der generellen Einführung der Jahrgangsklassen sogar noch stärker durchgesetzt zu haben als es in den Zwergschulen der Fall gewesen war. Trotz aller neueren pädagogischen Theorien scheint diese archaische Unterrichtsform noch stark zu überwiegen, mit all ihren unmittelbar disziplinierenden und die Entfaltung der Schüler hemmenden Konsequenzen. Durch veränderte methodische Anordnungen lassen sich zwar stärkere Aktivierung, Kooperation und Integration der Schüler erreichen[38], die Ausrichtung der Schüler auf die Erwartungen und Wünsche des Lehrers, die über die ganze Schulzeit hinweg intensiv gelernt wird, bleibt aber erhalten – jetzt im Sinne modernerer betrieblicher Anforderungen. Als „heimlicher Lehrplan" ist dieser Zusammenhang 1973 beschrieben worden.[39] *Fürstenau*s Überlegungen legen nahe, sie von Schulstruktur und Lehrerrolle abzuleiten.[40] Die bestimmende Ausweitung auf die politische Sozialisation ist offensichtlich.

Auf pädagogischer wie auf politologischer Ebene müßte der Zusammenhang genauer abgeklärt werden. Ein Bericht über ein alternatives Konzept und eine politologische Analyse dazu liegen vor.[41]

In England ist die Abschaffung des Klassensystems und des lehrerzentrierten Unterrichts zugunsten eines schülerzentrierten und weitgehend selbstbestimmten Unterrichts im Bereich der Grundschule inzwischen zu einem großen Teil gelungen.[42] In diesem Zusammenhang sollte auch das angelsächsische System der weitgehenden Autonomie der Schule analysiert werden. Der Vorschlag des Bildungsrates, eine Reform in dieser Richtung zu unternehmen, ist auf heftige Kritik der Kultusbürokratien bis zur Auflösungsdrohung gestoßen, ohne daß er in der Öffentlichkeit Verteidiger gefunden hätte. Nach Umfrageergebnissen in der amerikanischen Zone von 1947 stießen derartige Reformen, einschließlich eines größeren Mitwirkungsrechtes der Eltern, schon damals auf überwiegende Zustimmung bei der Bevölkerung, sie wurden aber gegen die etablierten Interessen nicht durchgesetzt.[43]

### c) Bildungspolitik

In diesem dritten Arbeitsfeld geht es zunächst um die Bildungspolitik in den Parlamenten, Bürokratien, Parteien, Kirchen, Lehrerverbänden etc. Während der „Willensbildungsprozeß" sonst Lieblingskind der Politikwissenschaft ist, sowohl für die empirische Beschreibung als auch für die theoretische Diskussion, ist dieses Gebiet bisher kaum untersucht worden.[44] Dabei böten sich Konzepte und eine Fülle von Fällen dafür an, etwa in Analogie der „Statuspolitik"-Untersuchung *Naschold*s[45] oder für die innerverbandlichen Entscheidungsprozesse. Hinsichtlich der Mobilisierbarkeit der verschiedenen Lehrer-Statusgruppen durch ihre Verbände für unterschiedliche Ziele, der fast vollständigen Integration etwa der Gymnasiallehrer einiger Bundesländer durch den Philologenverband u. ä. könnten auch auf das Selbst- und Rollenverständnis der Lehrer Rückschlüsse gezogen werden. Dazu liegen einige, zum Teil ältere soziologische und pädagogische Untersuchungen vor.[46] Nicht gearbeitet worden ist dagegen zur Frage des Oberschicht-Bias der Entscheidungsgremien, insbesondere der Ministerien, und zur Frage der Schulbuchzulassung.

In der Öffentlichkeit und in einer Vielzahl von Aufsätzen behandelt worden ist dagegen das „Berufsverbot", die bürokratische Unterdrückung von „Radikalen"[47]. Außer gegen Angehörige kommunistischer Parteien und Gruppen richtet sie sich gegen unbequeme Kritiker, selbst wenn sie Regierungsparteien angehören. Der Zusammenhang mit den Entpolitisierungskampagnen im 19. Jahrhundert, ebenfalls gegen Vereinigungen und Meinungen geführt, besteht dabei auch im „hergebrachten" Beamtenstatus der Lehrer und den damit verbundenen Vorstellungen. Eine Untersuchung, die den einzelnen Fällen und Reaktionen nachginge und versuchte, über die juristische Problematik hinaus den systematischen Zweck dieser Kampagne abzuklären, könnte viele bisher nur angedeutete oder behauptete Zusammenhänge offenlegen.

Für die Einwirkung ökonomischer Interessen auf die Entscheidungen im Bildungsbereich und im Schulalltag ist das gegenwärtige Schicksal der Reform der beruflichen Bildung ein Schulbeispiel. Auch in anderen Bereichen sind die einflußreiche Stellung der Unternehmen und ihrer Verbände auf den an sich staatlich geleiteten Ausbildungssektor und die entsprechenden Kanäle sichtbar gemacht worden.[48]

Im Bereich der „politischen Ökonomie des Ausbildungssektors"[49] und der neuen, oft apolitischen „Bildungsökonomie" gerät man sicherlich ins Zentrum der heutigen politologischen Diskussion. Neben der exakteren Aufhellung klassenspezifischer Bewegungen im Bildungssektor wären dabei Systemvergleiche verschiedener kapitalistischer und sozialistischer Länder wesentlich. Komparative Analysen mit ausreichender Differenzierung könnten dazu beitragen, neue Alternativen aufzuzeigen, die für die Bildungs- und Gesellschaftssysteme gangbar wären. Auch über die strukturellen Zusammenhänge und die Funktionen der Bildung in Ländern verschiedener Gesellschaftsordnung könnten dann gesichertere Aussagen gemacht werden.

*Anmerkungen*

1 Condorcet, Bericht und Entwurf einer Verordnung über die allgemeine Organisation des öffentlichen Unterrichtswesens, Weinheim 1966, S. 24 ff.
2 A. a. O., S. 76 ff.
3 A. a. O., S. 26, 44.
4 A. a. O., S. 42.
5 Vgl. Hartmut Titze, Die Politisierung der Erziehung, Frankfurt 1973, S. 70–86.
6 Zum zentralen optimistischen Begriff der öffentlichen Meinung, der hinter den aufklärerischen Konzepten steht, vgl. Jürgen Habermas, Strukturwandel der Öffentlichkeit, Neuwied 1965.
7 Condorcet, a. a. O., S. 54 ff., 62 ff. Die Lösungsvorschläge zu diesem Punkt sind allerdings weniger konkret, als es in den anderen Bereichen der Fall ist, z. T. sind sie auch widersprüchlich.
8 Titze, a. a. O., S. 81 ff.
9 A. a. O., S. 114 ff., 132 ff.
10 A. a. O., S. 114, 125, 138 ff., 173 ff., 179 ff., 230 ff., 233 ff., 272 f.
11 A. a. O., S. 108 ff., 130 ff., 134, 248 ff., 265 ff.
12 A. a. O., S. 193 ff.
13 Zitiert nach: J. Tews, Ein Jahrhundert preußischer Schulgeschichte, Leipzig 1914.

14 Vgl. die enthüllenden Zitate in Bezug auf die Funktion der Religion für die Ablenkung des Bewußtseins der Unterschichten von der Realität (Titze, a. a. O., S. 175 ff., 232).

15 Hamburg 1940.

16 Wilhelm Hennis, Politik und praktische Philosophie, Neuwied-Berlin 1963, S. 124 ff., und ders., Zum Problem der deutschen Staatsanschauung, in: ders., Politik als praktische Wissenschaft, München 1968, S. 28 ff. Seine Marx-Kritik in diesem Zusammenhang ist allerdings nicht begründet (a. a. O., S. 27). Allenfalls wäre der ökonomisierend-monokausale Vulgärmarxismus zu kritisieren, den Hennis in einigen nicht belegten Ausdrükken zitiert (ganz im Gegensatz zu seiner sonst exakten Zitierweise). Im Entpolitisierungs-Zusammenhang müßte außerdem wohl der offizielle Kampf der Regierungen gegen Demokratie und Sozialismus erwähnt werden.

17 Leopold v. Ranke, Das Politische Gespräch und andere Schriften zur Wissenschaftslehre, hrsg. v. E. Rothacker, Halle 1925, S. 21. Zitiert nach Hennis, a. a. O., S. 29.

18 Vgl. noch die Debatte um die Kriegsschuldfrage in den 60er Jahren und die Stellungnahmen etwa Gerhard Ritters.

19 Peter v. Oertzen, Die soziale Funktion des staatsrechtlichen Positivismus, Frankfurt 1973.

20 Karl Mannheim, Ideologie und Utopie, Frankfurt $^{3}$1952, S. 96.

21 Zur Grundschule, die seit den zwanziger Jahren Einheitsschule ist, vgl. Erwin Schwarz, Die Grundschule, Braunschweig 1969, S. 20 ff., 34 ff., 37 ff., 51 ff., 133 ff.

22 Vgl. Isa Huelsz, Schulpolitik in Bayern zwischen Demokratisierung und Restauration in den Jahren 1945–1950, Hamburg 1970 und Marion Klewitz, Berliner Einheitsschule 1945–1951, Berlin 1971.

23 Auf die Einrichtung der Lehrstühle und die Situation in den verschiedenen Bundesländern wird hier nicht weiter eingegangen; vgl. dazu den Beitrag von S. Jenkner in diesem Band und die dort zitierten Konzeptionen des Strukturplans und der Konferenz der Pädagogischen Hochschulen.

24 Neben den Vorstellungen Jenkners vgl. die in den Grundsätzen übereinstimmenden Studienordnungen für Politikwissenschaft an den Pädagogischen Hochschulen des Landes Nordrhein-Westfalen von 1971 und die Berliner Vorstellungen, die in diesem Band von Peter Schuster dargestellt werden.

25 Zur weithin noch vorherrschenden geisteswissenschaftlichen Ausrichtung der Pädagogik siehe Günter C. Behrmann, Soziales System und politische Sozialisation. Eine Kritik der politischen Pädagogik. Stuttgart-Berlin-Köln-Mainz, 1972, S. 11.

26 Vgl. Wolf-Dieter Narr, Logik der Politikwissenschaft – eine propädeutische Skizze, in: Politikwissenschaft. Eine Einführung in ihre Probleme, hrsg. v. Gisela Kress und Dieter Senghaas, Frankfurt 1969, S. 21 ff.

27 Rolf Richard Grauhan/Wolf-Dieter Narr, Studium der Sozialwissenschaft – demonstriert an der Politikwissenschaft, in: Leviathan, 1. J., 1973, S. 97. Dort weiteres zur Ableitungsproblematik von Curricula.

28 Volker Nitschke, Zur Wirksamkeit der politischen Bildung, Teil II, Schulbuchanalyse, Frankfurt 1966. Vgl. auch schon Siegfried Kawerau, Denkschrift über die deutschen Geschichts- und Schulbücher vor allem seit 1923, Berlin 1927. In den letzten Jahren sind ca. 40 weitere Schulbuchkritiken erschienen.

29 Vgl. die neueren Grundschullehrpläne der Bundesländer und die entsprechenden Lehrbücher. Die Darlegung der Ideologie findet sich beispielsweise in: Sachlichkeit und Sachunterricht in der Grundschule, Bad Heilbrunn 1970. Kritisch zu diesem Komplex: Hermann Müller, Affirmative Erziehung: Heimat- und Sachkunde, in: Johannes Beck u. a., Erziehung in der Klassengesellschaft, München 1972, S. 215 ff.

30 Im einzelnen vgl. Hannelore Christ u. a., Hessische Rahmenrichtlinien Deutsch. Analyse und Dokumentation eines bildungspolitischen Konflikts, Düsseldorf 1974, und Was sollen Schüler lernen? Die Kontroverse um die hessischen Rahmenrichtlinien für die Unterrichtsfächer Deutsch und Gesellschaftslehre, hrsg. von Ernst Köhle und Ernst Reuter, Frankfurt 1973.

31 Vgl. Fred I. Greenstein, Children and Politics, rev. ed., New Haven-London 1969 und R. D. Hess/Judith V. Torney, The Development of Political Attitudes in Children, Chicago 1967.

32 Vgl. für Deutschland jedoch: E. Becker/S. Herkommer/J. Bergmann, Erziehung zur Anpassung? Eine soziologische Untersuchung der politischen Bildung in den Schulen, Schwalbach 1967; sowie M. Teschner, Politik und Gesellschaft im Unterricht. Eine soziologische Analyse der politischen Bildung im Unterricht, Frankfurt 1968.

33 U. a. Walter Jaide, Das Verhältnis der Jugend zur Politik, Berlin-Neuwied 1963.

34 Greenstein, a. a. O., S. 15 ff.

35 Vgl. Herbert Stubenrauch, Die Gesamtschule im Widerspruch des Systems, München 1971.

36 Georg Auernheimer/Martin Doehlemann, Mitbestimmung in der Schule, München 1971 und Antonius Holtmann/Sybille Reinhardt, Schülermitverantwortung. Geschichte und Ende einer Ideologie, Weinheim-Berlin-Basel 1971.

37 Vgl. aber die organisationssoziologische Analyse zum veralteten, aber prägenden Bürokratiemodell der Schulverwaltung bei Peter Fürstenau, Neuere Entwicklungen der Bürokratieforschung und das Schulwesen. Ein organisationssoziologischer Beitrag, in: Peter Fürstenau u. a., Zur Theorie der Schule, Weinheim-Berlin-Basel 1969, S. 47–113.

38 Georg Dietrich, Bildungswirkungen des Gruppenunterrichts, München 1969; Kurt Spangenberg, Chancen der Gruppenpädagogik, Weinheim-Berlin-Basel 1969.

39 Vgl. Betrifft: Erziehung, Jg. 1973, Heft 5.

40 Peter Fürstenau, Zur Psychoanalyse der Schule als Institution, in: Zur Theorie, a. a. O., S. 17 ff. Siehe auch die übrigen Beiträge in diesem Band.

41 Barbara Schaeffer/Ursula Lambrou, Politische Bildung als Unterrichtsprinzip, Frankfurt 1972, S. 34 ff., 96 ff. Vgl. auch Holtmann/Reinhardt, a. a. O., S. 136 ff. und Auernheimer/Doehlemann, a. a. O., S. 148 ff.

42 Vgl. Central Advisory Council for Education (England), Children and their Primary Schools, London 1967, 2 Bde. (Plowden Report); gekürzt dt., Weinheim 1973. Eine gute Darstellung des Prozesses der Einführung dieses Schultyps in England und einigen Schulen in den USA bei Charles E. Silbermann, Crisis in the Classroom, dt., Weinheim-Basel 1973, S. 247–430.

43 Anna J. und Richard L. Merritt, Public Opinion in Occupied Germany, The OMGUS Surveys, 1945–1949, Urbana-Chicago-London 1970, S. 163 f. Genaueres in dem dort zitierten Report Nr. 61.

44 Vgl. aber Volker Briese, Zentralisierung der Kulturpolitik in der Bundesrepublik Deutschland, Konstanz 1972.

45 Frieder Naschold, Kassenärzte und Krankenversicherungsreform. Zu einer Theorie der Statuspolitik, Freiburg 1967.

46 Gerwin Schefer, Das Gesellschaftsbild des Gymnasiallehrers, Frankfurt 1969; Ilse Gahlings/Elle Moering, Die Volksschullehrerin. Sozialgeschichte und Gegenwartslage, Heidelberg 1961.

47 Vgl. Horst Bethge/Erich Roßmann (Hrsg.), Der Kampf gegen das Berufsverbot. Dokumentation der Fälle und des Widerstandes, Köln 1973; „Radikale" im öffentlichen Dienst? Eine Dokumentation, Frankfurt 1973. Siehe auch die regelmäßigen Analysen zu diesem Problem in den „Blättern für deutsche und internationale Politik".

48 Friedhelm Nyssen, Schule im Kapitalismus, Köln 1969; Martin Baethge, Ausbildung und Herrschaft, Frankfurt 1970.

49 Materialien zur politischen Ökonomie des Ausbildungssektors, hrsg. von Elmar Altvater und Freerk Huisken, Erlangen 1971. Vgl. auch Renate Heinrich, Zur politischen Ökonomie der Schulreform, Frankfurt 1973.

*Peter Schuster*

# Die Stellung der Politikwissenschaft im grundwissenschaftlichen Lehrerstudium in Berlin (West)[1]

*Inhalt*



## *1. Vorbemerkungen*

Während in einigen Bundesländern die Politikwissenschaft im grundwissenschaftlichen Studium für Lehrer überhaupt noch nicht vertreten ist, geht die Diskussion in Berlin bereits über diese Phase hinweg. Die Politikwissenschaft soll wie alle anderen Fachdisziplinen im grundwissenschaftlichen Studium durch ein integriertes, an Problemen und nicht mehr an Fachsystematiken orientiertes Studium abgelöst werden.

Die Reformdiskussion wurde in Berlin ausgelöst durch die auf der Übereinkunft der SPD-Länder vom 23. Oktober 1972 über die gegenseitige Anerkennung von Lehramtsprüfungen geplante integrierte Lehrerausbildung. Zu diesem Zweck wird die Pädagogische Hochschule Berlin aufgelöst und in die beiden Universitäten, die Freie und Technische, eingegliedert. Diese sollen später zu Gesamthochschulen umgebildet werden.[2]

Bei der Planung der inhaltlichen Ausgestaltung der Lehrerbildung ergeben sich schwerwiegende Differenzen vor allem zwischen den Hochschulen einerseits und den zuständigen staatlichen Verwaltungen, den Senatoren für Wissenschaft und Kunst sowie für Schulwesen, andererseits. Aber auch an den Hochschulen selber gibt es unterschiedliche Auffassungen. Der vorliegende Beitrag gibt eine Bestandsaufnahme der Studiensituation, der vorliegenden Reformdiskussion und der Interessenlage der staatlichen Instanzen nach dem Stand Juni 1974.

## 2. *Ausgangssituation in Berlin (West)*

Zur Zeit erfolgt die Lehrerausbildung in Berlin (West) an drei Hochschulen. Die *Pädagogische Hochschule* bildet Lehrer für die Primar-, Sekundarstufe I und Sonderschulen aus. Daneben wird ein gesonderter Studiengang für Diplompädagogen angeboten.

Die *Freie Universität* bildet Lehrer für die Sekundarstufe I ( vorwiegend Gymnasiallehrer) und für die Sekundarstufe II aus.

Die *Technische Universität* bildet Gewerbelehrer für Berufsschulen und in geringem Maße auch Lehrer für die Sekundarstufe II (Gymnasium) aus.

An der *Freien Universität* und an der *Technischen Universität* ist die Politikwissenschaft am grundwissenschaftlichen Studium nicht beteiligt, da dieses in der traditionellen Gymnasial- und Berufsschullehrerausbildung weitgehend vernachlässigt wird. An der Freien Universität müssen zwar für das Lehramt je acht Semesterwochenstunden für ein erziehungswissenschaftliches und ein philosophisches Begleitstudium nachgewiesen werden. Ein verbindliches Grundstudium wurde auf dieser Basis aber nicht entwickelt. Neuerdings können die insgesamt sechzehn Semesterwochenstunden auf ein rein erziehungswissenschaftliches Studium angerechnet werden. Zur Gestaltung dieses Studiums wurde ein Diskussionsvorschlag entwickelt (siehe 3.4. und 4.3.1.).

Die *Technische Universität* bietet ein „Allgemeines Studium" an, das die zukünftigen Studienräte mit 16 Semesterwochenstunden und die Berufsschullehrer mit 24 Semesterwochenstunden belegen sollen. Das Angebot an Pädagogik und anderen Grundwissenschaften ist jedoch völlig ungenügend. Im Juni 1974 gab es nur einen besetzten Lehrstuhl in Pädagogik auf 1.700 Lehrerstudenten. Ein Lehrstuhl für Politikwissenschaft ist nicht vorhanden.

Lediglich an der *Pädagogischen Hochschule* existiert ein für die Studenten verbindliches grundwissenschaftliches Studium, das ein Drittel des gesamten sechs-semestrigen Studiums umfassen soll. Die beiden anderen Studienelemente sind zu je einem Drittel eine Fachwissenschaft und die Didaktik (Stufen- und Fachdidaktik). Der PH-Student muß im grundwissenschaftlichen Studium neben der Erziehungswissenschaft eine weitere Grundwissenschaft wählen.

Zur Auswahl stehen Philosophie, Psychologie, Soziologie und Politologie. Beide Grundwissenschaften werden in einem gemeinsamen Prüfungsteil von 50 Minuten Dauer geprüft und gemeinsam benotet.

In der Grundwissenschaft Politologie muß der Prüfling einen „Überblick über die allgemeinen Fragestellungen der politischen Wissenschaft im Hinblick auf ihre besondere Relevanz für die Sozialerziehung . . . sowie über das Regierungssystem der Bundesrepublik Deutschland unter dem Gesichtspunkt der politischen Entscheidungslehre" geben. Daneben muß er „gründliche Kenntnis" in einem der vier folgenden Bereiche nachweisen: „Entwicklung der politischen Pädagogik in Deutschland" – „Organisation des Erziehungs- und Bildungswesens und Probleme der Bildungspolitik in der Bundesrepublik Deutschland im Vergleich mit einem anderen Staat nach Wahl" – „Probleme der internationalen Politik nach 1945" – „politisch-gesellschaftliche Ordnung eines ausländischen Staates der Gegenwart . . . im Vergleich mit der Bundesrepublik Deutschland".[3]

Trotz der Berufsfeldbezogenheit der ersten beiden Bereiche findet die Politikwissenschaft als Grundwissenschaft keinen großen Anklang bei den Studenten. Bevorzugt werden die Disziplinen Psychologie und Soziologie.

### *3. Reformkonzepte aus den Berliner Hochschulen*

Es ist unmöglich, die gesamte Diskussion an den Berliner Hochschulen im Zusammenhang mit der Neuordnung der Lehrerbildung hier vorzulegen. Es werden chronologisch jene Konzeptionen vorgestellt, die von den staatlichen Rahmenbedingungen ausgehen und/oder die gesamte Diskussion wesentlich beeinflußt haben. Hierunter befinden sich sowohl Konzeptionen, die allein an einzelnen Hochschulen erarbeitet wurden, als auch solche, die von Angehörigen mehrerer Hochschulen gemeinsam erarbeitet wurden.

Die Darstellung erfolgt selektiv unter dem Gesichtspunkt der Beteiligung der Politikwissenschaft am grundwissenschaftlichen Studium in der Lehrerausbildung.

### 3.1. Arbeitsgruppe für integrierte Lehrerausbildung (*Bongard, Hartwich* u. a.)[4]

Im Auftrage des Präsidenten der Freien Universität und des Rektors der Pädagogischen Hochschule erarbeiteten Angehörige beider Hochschulen das im Frühjahr 1971 vorgelegte Modell als ersten offiziellen Beitrag der Hochschulen zu der Diskussion um die Neugestaltung der Lehrerausbildung. Wenn auch die organisatorischen Folgerungen des Modells umstritten sind, so hat es doch die inhaltlichen Grundentscheidungen dargestellt, auf denen die sozialwissenschaftlich orientierten Arbeitsgruppen basieren. In der Erklärung der „Notgemeinschaft für eine Freie Universität", daß dieses Modell die Weichen für eine „einheitliche sozialistische Lehrerausbildung" stelle[5], wurde bereits am Anfang der Reformdiskussion deutlich, wie die sich sozialwissenschaftlich und emanzipatorisch verstehenden Konzeptionen politisch diffamiert werden.

Ziel des in diesem Modell konzipierten pädagogischen Studiums ist es „künftige Lehrer, in die Lage (zu) versetzen, ihren Schülern Kenntnisse und Fähigkeiten nur in Verbindung mit reflexivem Verhalten zu vermitteln und damit die Fähigkeit zur Emanzipation zu fördern. Auf diese Weise dienen Unterricht und Erziehung nicht nur zur Erhaltung, sondern auch zur Humanisierung der Individuen wie der Gesellschaft". In dem gemeinsamen und obligatorischen „berufsfeldbezogenen erziehungs- und sozialwissenschaftlichen Studium" wirken Erziehungswissenschaft, Soziologie, Ökonomie, Psychologie, Politologie und Philosophie unter Einbeziehung „experimenteller Praxis" zusammen.

Die als Sozialwissenschaft verstandene Erziehungswissenschaft arbeitet vorzugsweise die integrierende Fragestellung heraus, „unter der die übrigen Sozialwissenschaften . . . studiert werden sollen." Folgerichtig wird die gemeinsame sozialwissenschaftliche Ausbildung aller Lehrer dem Fachbereich Erziehungswissenschaften zugewiesen. Als Schwerpunkte eines sozialwissenschaftlichen Grundstudiums, von denen die Studenten einen bis zwei vertieft studieren sollen, werden insbesondere folgende Gegenstände vorgeschlagen: „Wirtschaftsentwicklung und Bildungsökonomie, Agenturen der Sozialisation, Erziehungsziele (ideologiekritische Analyse von Lernzielen), Lehr- und Lernprozesse in der Gesellschaft, Lehrer- und Schülerrolle (Soziologie und Psychologie des Lehrers und des Schülers), Lehrer-, Schüler-, Elternorganisationen."

### 3.2. Modell zur Neugestaltung der Lehrerbildung an der TU[6]

Dieses Modell ist primär auf die Verbesserung der bestehenden katastrophalen Situation in der Lehrerausbildung an der Technischen Universität Berlin gerichtet, wird von den Autoren selber aber auch als weitergehender Diskussionsbeitrag verstanden.

Bei dem für das „Allgemeine Studium" notwendigen Ausbau der Fächer Erziehungswissenschaft, Psychologie, Soziologie, Politologie und Philosophie sollen diese nicht „als selbständige Wissenschaften nebeneinander bestehen bleiben, sondern im Curriculum des Allgemeinen Studiums sinnvoll integriert werden". Dieses Curriculum soll sich an den Kriterien Wissenschaftlichkeit und Praxisbezug ausrichten, die im „politischen Kontext der sie umgebenden Gesellschaft" stehen. „Sie müssen darum in ihrer Abhängigkeit von gesellschaftlichen Verhältnissen und Herrschaftsinteressen bedacht und nach ihrer Möglichkeit, Verhältnisse zu ändern, personale Herrschaft abzubauen und Emanzipation zu fördern, entwickelt und ausgeübt werden." Das Allgemeine Studium läuft in drei Phasen ab, einer Einführungs-, Problematisierungs- und Anwendungsphase, in denen jeweils ein Projekt und daraufbezogene Kurse durchgeführt werden. Die Einführungsphase soll die notwendige Praxis mit der wissenschaftlichen Theorie verbinden. Dies geschieht durch ein Sozialpraktikum, das dem Studenten die Sozialbezüge der Schüler außerhalb der Schule begreifen und verstehen läßt. In Arbeitsgruppen wird Schulwirklichkeit in Zusammenhang mit Sozialisations- und Schultheorie analysiert und kritisch reflektiert. In der Problematisierungsphase werden die in der Einführungsphase gemachten Erfahrungen systematisch aufgearbeitet. Alternative Ausbildungsmodelle im jeweiligen gesellschaftlichen Kontext sollen erarbeitet werden. Die Projekte dieser Phase „finden ihre Grundlage vor allem in der Technologie- und Sozialgeschichte, Arbeitswissenschaft und Theorie der Industriegesellschaft und sollen Kriterien für die Auswahl von Lehr- und Lernzielen liefern". Der Anwendungsphase obliegt die „Synthese der pädagogischen Grundwissenschaften und der Fachinhalte im Hinblick auf die Vermittlung in der Schule". Aus den Erfordernissen des Allgemeinen

Studiums ergibt sich, daß die Qualifikationsanforderungen für die Hochschuldozenten nicht „aus herkömmlichen Wissenschaftssystematiken abgeleitet werden, sondern aus den vom Projektstudium gestellten Anforderungen".

Dem vorstehenden TU-Modell haben die Autoren den hessischen „Diskussionsentwurf zur Neuordnung der Lehrerausbildung" von 1971 zugrunde gelegt.

### 3.3. Strukturmodell einer integrierten Lehrerausbildung (*Jens Schneider/Gerd Neumann* unter Beteiligung von *A.-E. Bongard*)[7]

Dieses Modell wurde als Diskussionsbeitrag von Mitgliedern der Lehrerausbildungskommission des Fachbereichs Erziehungswissenschaften der Freien Universität Berlin erarbeitet. Es orientiert sich an einem verengten Verständnis von Berufspraxis des Lehrers als Unterrichtspraxis. Das vorgeschlagene Studium beginnt mit der Reflexion des Sozialisationsprozesses, geht dann in zunehmender Spezialisierung zur „Reflexion von Schule als sozialisierender Institution" über und schließlich zum Unterricht als „zentralem Problemfeld der Ausbildung". Das Feldstudium im außerunterrichtlichen Sozialisationsbereich am Anfang des Studiums soll „Problembewußtsein und Motivation für eine wissenschaftlich begründete pädagogische Tätigkeit" wecken. Mit der Lehre und Forschung auf den „Gebieten des Lernens, der Sozialisation und der Erziehung" sollen sich zwar außer Erziehungswissenschaft auch „pädagogisch orientierte Psychologie, Soziologie, Politikwissenschaft und Ökonomie" befassen. Für diese bleibt jedoch in diesem Modell nur eine additive Zulieferfunktion für eine sich als Integrationswissenschaft verstehende Erziehungswissenschaft.

### 3.4. Konzept eines erziehungs- und gesellschaftswissenschaftlichen Studiengangs für Lehrerstudenten an der Freien Universität Berlin[8]

Ausgelöst durch die vorgesehene Einführung eines sechzehn Semesterwochenstunden umfassenden erziehungswissenschaftlichen Studiums innerhalb der Studienratsausbildung an der Freien Universität (siehe 2 und 4.3.1.) verabschiedete der Fachbereich Erziehungswissenschaften am 10. Februar 1973 dieses Konzept als Diskussionsgrundlage. Das Konzept versteht sich nicht nur als Übergangsregelung, sondern als „Ausbildungsrumpf" für das künftig vierzig Semesterwochenstunden umfassende grundwissenschaftliche Studium aller Lehrerstudenten.

Ziel dieses Studiums soll es nach diesem Konzept sein, „die wichtigsten erziehungs- und gesellschaftswissenschaftlichen Instrumente zur Analyse der objektiven und subjektiven Bedingungen künftiger Berufspraxis kennenzulernen, sie im Zusammenhang mit pädagogischen und politischen Intentionen und Wirkungen reflektieren ... und zur Kritik der Praxis einsetzen zu lernen".

Um „Voraussetzungen für ein problemorientiertes Studienangebot zu schaffen", soll das Studium in folgende vier Bereiche eingeteilt werden: Erziehung und Gesellschaftstheorie – Sozialisation – Organisation des Bildungssystems – Unterricht.

Im Bereich „Erziehung und Gesellschaftstheorie" sollen die „objektiv vorgegebenen Bedingungen und Vermittlungszusammenhänge etwa der Arbeit des Lehrers begriffen werden. Eine klare gesellschaftlich-geschichtliche Ausgangsbestimmung muß gefunden werden".

Die Themen für den Bereich „Organisation des Bildungssystems" sind danach auszuwählen, wie weit sie geeignet sind:

„– Abhängigkeiten der Lehrer und Schüler von institutionellen, rechtlichen und politischen Bedingungen zu exemplifizieren,
– die Notwendigkeit von Veränderungen im Bildungssystem nachzuweisen,
– bestehende Ansätze einer Bildungsplanung kritisch zu sichten,
– politische und ökonomische Hintergründe von Veränderungen im Bildungssystem anzuzeigen,
– das Verhältnis von Bürokratie und Politik beim Zustandekommen von Entscheidungen zu thematisieren,
– die durch Reformmaßnahmen erzeugten neuen Widersprüche als gesellschaftlich bedingt zu erklären,
– die Lehrertätigkeit als politische zu begreifen."

In der Behandlung der Themen ist die Vermittlung von Kenntnissen über die Rahmenbedingungen der Lehrertätigkeit zu verbinden mit der „Analyse der Durchsetzungsstrategien von Veränderungen".

Alle vier vorgeschlagenen Bereiche sind mit Praxis zu verbinden, die sich nicht nur auf Unterricht bezieht. Bildungsökonomische und empirisch-methodische Fragen sollen nicht in eigenen Bereichen thematisiert werden, sondern bei allen Themen eingebracht werden.

Die Veranstaltungen können an verschiedenen Instituten angeboten werden, also nicht nur in einem einzigen Fachbereich. Die Planung und Koordination wäre durch eine gemeinsame Kommission sicherzustellen. Da die Veranstaltungen zugleich für Lehrerstudenten und für Studenten im jeweiligen Hauptfach angeboten werden, soll „die Abwehr vieler Lehrer . . . gegen eine Beschäftigung mit den Gesellschaftswissenschaften" abgebaut werden, die „aus einem mangelnden Selbstbewußtsein gegenüber diesen Disziplinen" resultiert.

### 3.5. Planungsgruppe Integrierte Lehrerausbildung an der Pädagogischen Hochschule Berlin (PIL)[9]

Das PIL-Projekt ist als einziges unter den in Berlin entwickelten Modellen zum grundwissenschaftlichen Studium der Lehrer über die theoretische und organisatorische Diskussion hinausgegangen und hat die Phase der experimentellen Durchführung auf der Basis einer „pragmatischen Curriculumsrevision" erreicht. Die Planungsgruppe konstituierte sich auf Beschluß der Abteilung I der PH (Erziehungswissenschaft) im Wintersemester 1971/72. Ein erster Entwurf wurde im Februar 1972 der Hochschulöffentlichkeit vorgelegt. Im Mai 1973 bildeten sich drei Curriculumsgruppen zur Vorbereitung der Lehrveranstaltungen. Die experimentelle Phase begann mit dem Sommersemester 1974 und wird über drei Semester laufen, zunächst nur in einem Durchgang. Über das weitere Vorgehen wird danach entschieden. Völlig offen ist dabei noch, wie die Hochschule und die Senatsverwaltungen sich endgültig gegenüber dem Projekt verhalten werden angesichts bereits geäußerter wissenschaftstheoretischer und politischer Vorbehalte.

An der Planung und Durchführung des PIL-Projekts sind inzwischen Dozenten der Abteilungen I bis III aus folgenden Disziplinen beteiligt: Erziehungswissenschaft, Psychologie, Soziologie, Politikwissenschaft, Didaktik der Politik, Grundschuldidaktik, Didaktik der mittleren Schulstufe.

Die Arbeit bleibt zunächst beschränkt auf einen Teil des Lehrerstudiums und läßt eine Vielzahl von Problemen offen, wie z. B. die Festsetzung der Studienschwerpunkte nach dem Grundstudium, die Veränderungen des Didaktikums, sowie die Integration der Fachwissenschaften und der Fachdidaktiken.

PIL orientiert das Grundstudium an der „späteren Berufspraxis sowie den Aufgaben und Funktionen des Bildungswesens". Die Lehrerstudenten sollen befähigt werden, „die in ihrer künftigen Berufspraxis auftretenden Widersprüche auf ihre Ursachen . . . zurückzuführen und das eigene politische Engagement auf *die* gesellschaftlichen Verhältnisse zu lenken, die dem Bildungswesen und damit der beruflichen Arbeit des Lehrers ihre spezifische Form aufprägen. Damit wird die Entwicklung eines Berufsverständnisses angestrebt, das sich nicht auf die Tätigkeit des Unterrichtens beschränkt, sondern die gesellschaftliche Qualität der Unterrichtsarbeit einbezieht."[10]

Daraus folgt, daß der Praxisbezug in der Ausbildung nicht auf den Unterricht allein konzentriert sein kann, „weil die Kriterien, mit denen die gesellschaftliche Legitimation der Arbeit des Lehrers überprüft werden kann, sich nicht aus dem Unterricht selbst ableiten lassen . . . ".[11] Es ist also notwendig, „die den Unterricht bedingenden Faktoren selbst zum Gegenstand der Ausbildung zu machen und dabei bereits Ansätze von Handlungsstrategien zur Bewältigung von Problemen des Berufs zu entwickeln".[12] Einen wichtigen Stellenwert in dieser Ausbildung hat das Projektstudium als „ein fächerübergreifendes, praxis- und problemorientiertes Studium, in dem Lehrende und Lernende den Stellenwert der wissenschaftlichen und beruflichen Tätigkeit im gesellschaftlichen Zusammenhang untersuchen".[13] Für das Didaktikum folgt, daß es nicht mehr als isoliertes Unterrichtspraktikum verstanden werden kann, sondern daß es inhaltlich und organisatorisch mit dem Grundstudium zu verbinden ist.

Für die im Sommersemester 1974 angelaufene Erprobungsphase mußte das Projektstudium auf die „Form untersuchender Praxisbegegnung" beschränkt werden, „weil entsprechende Praxisfelder den Auszubildenden nicht zugänglich sein werden".[14]

Das Studienangebot konzentriert sich schwerpunktmäßig auf drei inhaltliche Bereiche:

- Bildungs- und Erziehungswesen in der Bundesrepublik Deutschland,
- Lebensbedingungen von Kindern und Jugendlichen,
- Position des Lehrers und Erziehers im Bildungs- und Erziehungswesen der BRD.[15]

Die Studenten entscheiden sich im ersten Semester für eine Veranstaltung aus einem der drei Bereiche. Die Zuordnung zu den einzelnen Veranstaltungen erfolgt nach einer halbtätigen Einführung. Am Ende des ersten Semesters steht ein Kompaktseminar, in dem ein Überblick über die drei Gegenstandsbereiche und deren Zusammenhänge gegeben wird. Den Studenten werden Empfehlungen für ihre weitere Arbeit gegeben.

Die Veranstaltungen des ersten Semesters sollen einen Einblick in gesellschaftliche Zusammenhänge und Widersprüche geben und ein Problembewußtsein schaffen, das als Grundlage für die systematische Erarbeitung von Kategorien ab dem zweiten Semester dient. Der Einstieg erfolgt über exemplarische Konflikte.

Im zweiten und dritten Semester werden „praxisorientierte Seminare" angeboten. Sie werden eingeleitet durch die Erarbeitung von spezifischen Problemen und Konflikten. Daran schließt sich eine praktische Phase in verschiedenen Erfahrungsfeldern an. Während und nach der praktischen Phase wird die Praxiserfahrung theoretisch aufgearbeitet. Parallel zu den „praxisorientierten Seminaren" finden Kurse statt, in denen Kategorien zur Erklärung der erfahrenen Probleme systematisch erarbeitet werden sollen.[16]

### 3.6. Entwicklungsplan für die Integration der Lehrerausbildung in Berlin (Gesamthochschulrat)[17]

Der Entwicklungsplan, der im Juli 1973 vom Gesamthochschulrat der Berliner Hochschulen verabschiedet wurde, ist weitgehend ein Organisationsmodell für die bevorstehende Neustrukturierung der Lehrerausbildung in Berlin.

Er sieht für das Grundstudium vierzig Semesterwochenstunden vor, von denen zwanzig auf die Erziehungswissenschaft entfallen sollen, acht auf die Psychologie, acht auf die Soziologie und vier wahlweise auch auf andere für die Pädagogik relevante Disziplinen. Das Grundstudium ist für alle „Sozialisationsberufe" gemeinsam zu konzipieren.

Die vorgesehenen Praktika beziehen sich unmittelbar auf den Unterricht. Sie sollen eine „permanente Auseinandersetzung mit und in den pädagogischen Handlungsfeldern von Schule und Gesellschaft" bewirken.

Neben dem Didaktikum (Unterrichtspraktikum) ist ein Schulpraktikum vorgesehen, das der Beobachtung und Analyse von für die Schule relevanten gesellschaftlichen und erzieherischen Prozessen dient. Ein weiteres Praktikum ist das „interdisziplinäre Projekt", in dem der Student „Praxiserfahrung in erziehungsrelevanten Bereichen auch außerhalb der Schule" sammeln kann.

Ähnlich wie in dem Modell von *Schneider/Neumann* (3.3.) liegt diesen Vorschlägen ein begrenztes Verständnis von Berufspraxis zugrunde. Die Beschränkung auf „pädagogische Handlungsfelder" läßt die Untersuchung von gesellschaftlichen Bedingungen der Erziehertätigkeit kaum noch zu.

Es ist bemerkenswert, wie der Gesamthochschulrat die Reformdiskussion an den Berliner Hochschulen in seinem Bericht übergeht.

## 4. *Position und Planung staatlicher Instanzen*

### 4.1. Verhältnis Staat-Hochschule in Berlin (West)

Zwischen der inhaltlichen Planung der Hochschulen einerseits und den artikulierten Interessen der Staatsverwaltung andererseits bestehen große Differenzen.

Die Stellung der Hochschulen wird im Bereich der Lehrerbildung zusätzlich durch die Tatsache erschwert, daß die Kultusverwaltung in zwei Ressorts aufgeteilt ist, den Senator für Wissenschaft und Kunst und den Senator für Schulwesen.

Während der Senator für Wissenschaft und Kunst seine eigene Planung stärker auf die organisatorischen Aspekte der Neuordnung der Lehrerausbildung richtet, versucht der Senator für Schulwesen Einfluß auf die inhaltliche Gestaltung des Lehrerstudiums zu erlangen. Über den Grad des Einflusses auf die Hochschulen hat es offensichtlich zwischen beiden Senatsverwaltungen Differenzen gegeben. Schließlich hat der Senator für Wissenschaft und Kunst am 2. Oktober 1973 der Freien Universität mitgeteilt, daß „bevor die Hochschule einen Antrag aus dem Bereich der Lehrerausbildung vorlegt, . . . der inhaltliche Bereich mit dem Senator für Schulwesen abgeklärt werden" soll.[18] Die Taktik des Schulsenators scheint zur Zeit darin zu bestehen, daß er bestimmte Studienreformprojekte der Hochschulen im Bereich der Lehrerausbildung verhindert bzw. verzögert, bis er selbst durch Gesetzesänderung in der Lage ist, bei diesen Projekten entscheidend mitzuwirken. In diesen Zusammenhang ordnet sich die Position des Schulsenators im Prüfungskonflikt ein, sein Verhalten gegenüber den bei der Bund-Länder-Kommission angemeldeten Modellversuchen und sein Referentenentwurf zur Novellierung des Lehrerbildungsgesetzes. (Siehe hierzu 4.3.2.) Es ist völlig offen, wie angesichts dieser Lage eine Übereinstimmung zwischen Hochschulen und Staat in inhaltlichen Fragen der Lehrerausbildung erzielt werden kann.[19]

Die Hochschulen scheinen jedenfalls nicht bereit zu sein, die bisher bekannt gewordenen inhaltlichen Vorstellungen der Schulverwaltung zu übernehmen. Kennzeichnend hierfür ist eine Stellungnahme von der SPD angehörenden bzw. ihr nahestehenden Dozenten der Pädagogischen Hochschule Berlin anläßlich der Auseinandersetzung um Prüfungsrecht und Prüfungspraxis: „Der Senator kann sicher sein, daß eine Ausbildung, die sich im Zirkel von bürokratisch bestimmten Erziehungs- und Unterrichtszielen, daran orientierten Prüfungsinhalten und an diesen Prüfungsinhalten festgemachten Studiengängen bewegt, nicht einmal das genehme Innovationspotential hervorbringen wird, das die Funktionstüchtigkeit des bestehenden gesellschaftlichen Systems sichert."[20]

Im folgenden sollen die einzelnen Positionen beider Senatsverwaltungen dargestellt werden, die sich an der Übereinkunft der SPD-Bundesländer orientieren.[21] Für den grundwissenschaftlichen Teil des Lehrerstudiums findet sich in dieser Übereinkunft nur die magere Feststellung, daß zum Studium der Erziehungswissenschaften auch gesellschaftswissenschaftliche Studien gehören. Die Aussagen in den dazugehörenden Erläuterungen, daß das Studium der Erziehungswissenschaft gesellschaftswissenschaftliche Studien in den benachbarten Sozialwissenschaften einschließt, ist zumindest keine Ermunterung eines integrierten, die Fächertrennung aufhebenden grundwissenschaftlichen Studiums, verhindert dies aber wohl auch nicht.

## 4.2. Position des Senators für Wissenschaft und Kunst

Der Senator für Wissenschaft und Kunst hat seine Vorstellungen in einem Gesetzesentwurf und in dem Bericht einer Arbeitsgruppe seines Hauses verdeutlicht. Der Referentenentwurf des Gesetzes über die „Schaffung der institutionellen Voraussetzungen der integrierten Lehrerausbildung in Berlin"[22] legt das Verfahren zur Auflösung der Pädagogischen Hochschule und ihrer Eingliederung in die beiden Universitäten und in die zu errichtende „künstlerische und wissenschaftliche Hochschule" fest. Der Entwurf verfolgt nach eigener Aussage der Senatsverwaltung die Absicht einer organisatorischen Neuordnung der Lehrerausbildung, die „nicht bis zu ihrer inhaltlichen Neugestaltung zurückgestellt werden" kann. Für die grundwissenschaftliche Ausbildung wird ein Fachbereich Erziehungswissenschaften vorgeschlagen. Umstritten ist die Errichtung eines weiteren Fachbereichs Unterrichtswissenschaften, in dem die Fach- und Stufendidaktiken zusammengefaßt werden sollten. Das Gesetz schlägt als Alternative die Zuordnung der Fachdidaktiken zu den Fachwissenschaften und die Zuordnung der Allgemeinen und Stufendidaktik zu den Erziehungswissenschaften vor.

In dem Bericht „Zur Organisation der integrierten Lehrerausbildung an den Berliner Hochschulen" vom April 1973[23], aus dem der Referentenentwurf abgeleitet wurde, wird knapp auf inhaltliche Grundlagen der Entscheidung eingegangen. Als eine von vier Komponenten der Ausbildung werden neben den Fachwissenschaften (Gegenstandsbereich), der Unterrichtswissenschaft und dem Praktikum „die Sozialwissenschaften (allgemeine Erziehungswissenschaften, Psychologie, Soziologie, Politologie usw.)" genannt. Es scheint, daß die Planungsgruppe sich mit der Wahl des Begriffs Sozialwissenschaften tatsächlich für eine sozialwissenschaftliche Grundausbildung entschieden hat, die nicht unter dem Primat der Erziehungswissenschaft steht. Die Aussage, daß diese vier Komponenten die „wissenschaftliche, die praktische und die politische Dimension dieses Berufes beschreiben" deutet darauf hin, daß Berufspraxis nicht verengt als Unterricht zu verstehen ist. Eine solche Entscheidung bleibt allerdings folgenlos, solange der Senator für Wissenschaft und Kunst die Entscheidung über die Inhalte dem Schulsenator überläßt. Vergleicht man die, wenn auch spärlichen Aussagen beider Senatsverwaltungen, so wird deutlich, daß zwischen ihnen inhaltliche Differenzen bestehen, zumindest bestanden haben.

## 4.3. Position des Senators für Schulwesen

### 4.3.1. Inhaltliche Vorstellungen

Der Schulsenator hat insbesondere an zwei Stellen Andeutungen über die von ihm und seiner Verwaltung vertretenen inhaltlichen Vorstellungen zum Lehrerstudium gemacht.

In einer Stellungnahme zum Modellversuch Integrierte Lehrerausbildung vom 3. Oktober 1972[24] gab der Schulsenator hierfür Rahmenbedingungen an. Diesem Schreiben zufolge sind in dem vierzig Semesterwochenstunden umfassenden erziehungswissenschaftlichen Studium anzubieten: ein sechswöchiges Erkundungspraktikum, Einführung in die Unterrichtsforschung, Theorie der Lernprozesse unter verschiedenen Aspekten (Psychologie, Soziologie, Anthropologie), Einführung in die historische und systematische Betrachtung aktueller Fragen von Schule, Unterricht und Erziehung, Analyse und Planung von Unterricht, curriculare Probleme, Lehrerverhalten, Leistungsbeurteilung u. a., wissenschaftstheoretische Voraussetzungen von Theorien der Schule und des Unterrichts, unterrichtstechnologische Probleme. „Erziehungswissenschaftlich relevante Aspekte aus benachbarten Wissenschaften" können einbezogen werden. Allerdings hat sich der gesamte Studiengang an den „Anforderungen der mündlichen Prüfung in Erziehungswissenschaft" zu orientieren (die allein vom Schulsenator festgelegt werden!).

Die Prüfungsanforderungen wurden der Freien Universität am

28. März 1973 vom Schulsenator mitgeteilt im Zusammenhang mit der neuen Regelung, daß die acht bisher dem philosophischen Begleitstudium zugeordneten Semesterwochenstunden in der Erziehungswissenschaft studiert werden könnten.[25] Damit ergibt sich für die Lehrerstudenten der Sekundarstufe II (Studienrat) die Möglichkeit, ein sechzehn Semesterwochenstunden umfassendes erziehungswissenschaftliches Begleitstudium zu belegen (siehe 3.4.).

Nach dieser Regelung erstreckt sich die mündliche Prüfung auf „Erziehungswissenschaft, insbesondere in Beziehung auf Schule und Unterricht". „Pädagogisch bedeutsame Fragestellungen, Ergebnisse und Methoden anderer Wissenschaftsdisziplinen, vor allem der Psychologie oder Soziologie sind einzubeziehen." Gründliche Kenntnisse sind nachzuweisen in einem „umfassenden Problemkreis" aus der Schulpädagogik (einschließlich Didaktik) oder der Pädagogischen Psychologie oder der Pädagogischen Soziologie. Auch die weiteren Anforderungen unter „Überblick" und „Fähigkeit" beziehen sich ausschließlich auf Probleme des Unterrichts und der Schule im engen Sinn. Jede Einbeziehung gesellschaftlicher und politischer Fragestellungen fehlt.

Mit beiden Mitteilungen hat der Schulsenator seine Position zur inhaltlichen Gestaltung des Lehrerstudiums klargestellt. Erziehungswissenschaft bedeutet für ihn Unterrichtswissenschaft. Der so verordnete Unterricht und die Stellung der Schule in der Gesellschaft werden nicht mehr kritisch reflektiert. Sozialwissenschaften werden nur mit dem einengenden Begriff „pädagogisch" in das Studium hineingenommen. Für eine Politikwissenschaft, eine politische Soziologie oder eine politische Ökonomie gibt es keinen Platz.

### 4.3.2. Taktik der Durchsetzung

Der Senator für Schulwesen hat an mehreren Punkten versucht, seine Vorstellungen den Hochschulen aufzudrängen. Dies läßt sich besonders an drei Vorgängen deutlich machen: an der Änderung des Prüfungsrechts, an seinem Verhalten gegenüber den bei der Bund-Länder-Kommission (BLK) angemeldeten Modellversuchen und an dem vorgelegten Referentenentwurf zum Lehrerbildungsgesetz.

1972 begann der Schulsenator die bestehende Prüfungspraxis im Ersten Staatsexamen für das Amt des Lehrers zu verändern. Die PH-Studenten konnten bis zu diesem Zeitpunkt de facto zwei Hochschullehrer als Prüfer frei wählen. Der Vertreter des Wissenschaftlichen Landesprüfungsamts beteiligte sich kaum an den Prüfungsgesprächen und nahm de facto lediglich die Rechtsaufsicht wahr. Dem Schulsenator gelang es nicht nur, die Prüfungspraxis, sondern auch das Prüfungsrecht zu ändern. Das Prüfungsamt nimmt nun das materielle Prüfungsrecht wahr und bestimmt immer stärker die Prüfungsthemen. Die Prüfungskommission besteht heute aus zwei hauptamtlichen Prüfern des Prüfungsamts, einem vom Studenten gewählten und einem vom Prüfungsamt bestimmten Hochschullehrer. Vorsitz und damit auch Stichentscheid hat einer der beiden staatlichen Prüfer.

Der Schulsenator vertritt die Auffassung, daß das Erste Staatsexamen keine Hochschulabschlußprüfung, sondern eine Laufbahnprüfung ist.[26] Von daher können Prüfungsinhalte ohne jede Rücksicht auf die Lehre der Hochschule festgelegt werden. In der Prüfung ist nach Auffassung des Schulsenators das Gebot des „Pluralismus" zu verwirklichen[27], da der Lehrer diesen in seinem Unterricht vertreten muß. Damit nimmt der Schulsenator in Anspruch, den zweiten Hochschullehrer für die Prüfungskommission so zu bestimmen, daß er den vom Studenten gewählten Hochschullehrer „pluralistisch" ergänzt.

Das Prüfungsamt nimmt in steigendem Maß Einfluß auf die Prüfungsthemen. Themen werden nur noch akzeptiert, wenn sie explizit in den Prüfungsanforderungen aufgeführt sind. Das führt dazu, daß z. B. eindeutig politikwissenschaftliche Themen nicht geprüft werden können, weil sie zum Zeitpunkt der Niederschrift der Prüfungsanforderungen nicht in der wissenschaftlichen Diskussion waren, bzw. nicht gesehen wurden.

Einen weiteren Versuch, Einfluß auf die Lehre zu gewinnen (und auf die Forschung!), unternahm der Schulsenator im Zusammenhang mit den beiden bei der Bund-Länder-Kommission für Bildungsplanung angemeldeten Modellversuchen „Sozialkundelehrerausbildung" und „Rahmencurriculum für eine integrierte Lehrerausbildung".[28] Nachdem er durch vorgegebene Auflagen (siehe 4.3.1.) und Einsprüche die Planung nicht wesentlich verändern konnte, ließ er die Projekte teils versanden, teils lehnte er sie offen ab. Lediglich der Modellversuch „Lehrerausbildung in den Naturwissenschaften" wurde genehmigt, obwohl er zunächst mit den gleichen Gründen wie der Modellversuch „Sozialkundelehrerausbildung" abgelehnt worden war. Der Wissenschaftssenator hat inzwischen offiziell bei der BLK die Modellversuche abgemeldet.

Seine Auffassung über das curriculare Verhältnis zwischen Studium und Prüfung hat der Schulsenator in seiner Stellungnahme zum Modellversuch „Rahmencurriculum" vom 12. Dezember 1973[29] dargelegt, indem er feststellt, daß Prüfungen nicht als Teil des Curriculums mitzukonzipieren sind. Dies bedeutet, daß der Schulsenator noch nicht einmal bereit ist, sich für die Setzung von Prüfungsanforderungen des Forschungspotentials der Hochschule zu bedienen.

Seine Eingriffe rechtfertigt er damit, daß es sich bei den Modellversuchen der BLK um „Auftragsforschung" handele.[30]

Mit dem Ende Mai 1974 den Hochschulen zugeleiteten Referentenentwurf zur Novellierung des Lehrerbildungsgesetzes versucht der Schulsenator offenkundig, sich einen gesetzlich fixierten Einfluß auf die Lehre zu sichern. Der Paragraph 26 lautet auszugsweise: „Das für das Schulwesen zuständige Mitglied des Senats wird ermächtigt, die zur Durchführung dieses Gesetzes erforderlichen Rechtsverordnungen zu erlassen über 1. Umfang, Dauer, Durchführung und Inhalt der berufspraktischen Studien während des Studiums; 2. Voraussetzungen für die Zulassung zur Ersten Staatsprüfung . . . einschließlich der Einzelheiten über die von den Hochschulen zu erteilenden erforderlichen Studiennachweise, insbesondere über Gegenstand und zeitlichen Umfang der Lehrveranstaltungen, Art, Gegenstand und Bewertung der Studienleistungen . . . 5. Einzelheiten der Prüfungen, insbesondere über Bestandteile der Prüfungen, Bestimmung der Fächer, Lernbereiche . . . "[31]

Es wird deutlich, daß der Schulsenator sich verschiedene Instrumente schafft, mit denen er versucht, Einfluß auf die curriculare Gestaltung der Lehrerausbildung zu nehmen. Damit besteht die Gefahr, daß Curricula in diesem Bereich in Berlin nicht mehr wissenschaftlich begründet, sondern administrativ gesetzt werden.

### 5. *Konsequenzen für die Politikwissenschaft*

Hier können nur einige abschließende Bemerkungen zu den Konsequenzen für die Politikwissenschaft angedeutet werden. Andere Autoren in diesem Buch werden dies ausführlicher tun.

Um die Stellung der Politikwissenschaft im grundwissenschaftlichen Studium der Lehrer bestimmen zu können, muß man sich zunächst den Stellenwert, der ihr in den einzelnen Konzeptionen zugestanden werden kann, vergegenwärtigen.

Die *additive Konzeption* findet sich in der bestehenden Regelung an der Pädagogischen Hochschule Berlin. Neben der Erziehungswissenschaft studieren die Studenten eine weitere Grundwissenschaft, die ihr Studienangebot selbständig organisiert. Diese Konzeption taucht in keinem Reformvorschlag mehr auf. Und selbst wer sie verteidigen wollte, würde an den zeitlichen Bedingungen scheitern, da für das gesamte grundwissenschaftliche Studium nur zwei Semester zur Verfügung stehen.

Die *erziehungswissenschaftliche Konzeption* beschränkt sich auf Schule und Unterricht im Sinn einer Ausbildung zum Unterrichtstechnologen. Der Politikwissenschaft und den anderen Gesellschaftswissenschaften wird von der dominierenden Erziehungswissenschaft eine Beteiligung nur zugestanden, soweit sie „erziehungswissenschaftlich relevante Beiträge" liefern können. Diese Konzeption fällt noch hinter die additive zurück, da sie die gesellschaftlichen Bedingungen der Schule völlig ausklammert. Mit großer Wahrscheinlichkeit wird sie sich aber in Berlin zunächst durchsetzen, da sie vom Schulsenator vertreten wird, der sie über die Prüfungsanforderungen weitgehend erzwingen kann.

Die *sozialwissenschaftliche Konzeption* versteht die Erziehungswissenschaft als Teildisziplin der Sozialwissenschaften. Und sie sieht die Schule in der Totalität der Gesellschaft, aus der sie nicht herausgelöst werden kann. Schule kann ohne ihre gesellschaftlichen Bedingungen und Bezüge nicht gefaßt werden, und der Lehrer kann ohne ihre Kenntnis seine gesellschaftliche Aufgabe nicht erfüllen. Diese Konzeption findet sich nicht nur in Berlin in der Mehrzahl der Reformvorschläge. Wenn die Politikwissenschaft auch in Zukunft in der grundwissenschaftlichen Ausbildung der Lehrer vertreten sein will, wird sie sich für diese sozialwissenschaftliche, integrierte Konzeption entscheiden müssen.

Dabei kann es nicht um die fachegoistische oder personenbezogene Frage einer Beteiligung schlechthin gehen. Die Politikwissenschaft muß vielmehr aufzeigen, welchen fachspezifischen Beitrag sie als Teil der Sozialwissenschaften notwendigerweise für ein integriertes grundwissenschaftliches Studium der Lehrer leisten muß, weil es andere Teildisziplinen nicht leisten können.

In eine Lehrerausbildung, die auf emanzipatorische Erziehung zielt, d. h. auf Abbau von Herrschaft, könnte die Politikwissenschaft den Begriff von in Herrschaft institutionalisierter politischer Macht einbringen. Dies bedeutet aber in einem integrierten Lehrerstudium den Verzicht auf „Zentralanstaltenforschung"[32] und die Einsicht, daß Bildungspolitik ein Thema ist, „das als gesellschaftspolitisches Problem einer umfassenden politikwissenschaftlichen Analyse bedarf".[33]

*Anmerkungen*

1 Diesem Beitrag liegt eine Untersuchung von Dieter Fitterling und Peter Schuster zugrunde, die für die Sektion „Berufsfeldanalyse und Curriculumrevision" der Deutschen Vereinigung für Politische Wissenschaft im Juli 1973 angefertigt wurde.

2 In der Senatsplanung ist noch eine dritte, künstlerische Gesamthochschule vorgesehen, die die Fachausbildung für Lehrer in den entsprechenden Fächern übernimmt. Das Gesetz befindet sich zur Zeit in der parlamentarischen Beratung. Es soll noch vor den Parlamentsferien 1974 verabschiedet werden.

3 Verordnung über die Erste Staatsprüfung für die Ämter des Lehrers ... vom 24. Oktober 1968, in: Pädagogische Hochschule Berlin, Personen- und Vorlesungsverzeichnis, Sommersemester 1974, S. 66 ff.

4 Veröffentlicht in: FU-Reform 1 vom 18. Mai 1971, hrsg. vom Präsidenten der Freien Universität Berlin. Teilnehmer der Arbeitsgruppe: Bongard, Hartwich, Koch, Müller, Preuss, Schulz, Skuhr.

5 Notgemeinschaft für eine Freie Universität, Lehrerbildung, Juni 1971.

6 Veröffentlicht in: TU-Information Extra Nr. 5/72 vom 8. Februar 1972, hrsg. vom Presse- und Informationsamt der Technischen Universität, Bericht der Unterkommission EPK/LSK.

7 Veröffentlicht in: FU-Reform 5 vom 24. April 1972, hrsg. vom Präsidenten der Freien Universität Berlin.

8 Ausbildungskommission des Fachbereichs Erziehungswissenschaften der Freien Universität Berlin/Unterkommission (Albrecht-Heide u. a.), Beschluß vom 10. 2. 1973.

9 Die Darstellung stützt sich auf folgende Papiere der PIL-Gruppe:
a) Rahmencurriculum eines erziehungs- und sozialwissenschaftlichen Grundlagenstudiums für die integrierte Lehrerausbildung erstellt von der Projektgruppe Integrierte Lehrerausbildung (PIL) der Abteilung 1/PH Berlin; in: PH Mitteilungen, Nr. 8/73 vom 30. Januar 1973, hrsg. von der Pädagogischen Hochschule Berlin.
b) „Ergebnisse der Klausurtagung der PIL vom 4. bis 6. 10. 1973. PH-intern, veröffentlicht am 15. 10. 1973."
c) Erläuterungen zur Konzeption des erziehungs- und sozialwissenschaftlichen Grundlagenstudiums und Darstellung des gegenwärtigen Planungsstandes, Januar 1974.

10 Rahmencurriculum ..., a. a. O., S. 11.

11 Erläuterungen ..., a. a. O., S. 3.

12 Erläuterungen ..., a. a. O., S. 3–4.

13 Rahmencurriculum ..., a. a. O., S. 13.

14 Erläuterungen ..., a. a. O., S. 8.

15 Rahmencurriculum ..., a. a. O., S. 15.

16 „Ergebnisse der Klausurtagung ..., a.a.O., S. 1–3".

17 Der Gesamthochschulrat der Berliner Hochschulen. Kommission für Lehrerausbildung, Entwicklungsplan für die Integration der Lehrerausbildung in Berlin vom 5. Juli 1973.

18 Veröffentlicht in: Dokumentation FU Berlin, Nr. 1/74 vom 25. Februar 1974, hrsg. von der Presse- und Informationsstelle der FU, Modellversuche zur Lehrerausbildung. Ein Lehrstück für Staatseingriffe. Dokument Nr. 20, S. 38.

19 Siehe dazu: Dokumentation FU Berlin, Nr. 1/74, a. a. O.
20 Fijalkowski u. a., Offener Brief zur Novellierung des Lehrerbildungsgesetzes in Berlin, in: PH Informationen Nr. 8 vom 7. Mai 1973, hrsg. von der Pädagogischen Hochschule Berlin, S. 7.
21 Veröffentlicht in: Dokumentation FU Berlin, Nr. 3/72 vom 21. 11. 1972, hrsg. vom Presse- und Informationsamt der FU, Dokument Nr. 1, S. 5–8.
22 Beiträge zur hochschulpolitischen Diskussion 1973, 3/73, Gesetzentwürfe zur Weiterentwicklung des Berliner Hochschulsystems, hrsg. vom Senator für Wissenschaft und Kunst, S. 3–7.
23 Zur Organisation der integrierten Lehrerausbildung an den Berliner Hochschulen. Bericht einer Arbeitsgruppe, hrsg. vom Senator für Wissenschaft und Kunst.
24 Veröffentlicht in: FU Dokumentation, Nr. 3/72, a. a. O., Dokument Nr. 4, S. 11.
25 Veröffentlicht in: FU Dokumentation, Nr. 3/72, a. a. O., Dokument Nr. 3, S. 10.
26 Stellungnahme des Senators für Schulwesen vom 30. 10. 1972, in: Dokumentation FU Berlin, Nr. 4/72 vom 24. 1. 1973, hrsg. vom Presse- und Informationsamt der FU, Dokument 12, S. 35.
27 Schreiben des Senators für Schulwesen vom 21. 11. 1972 und vom 20. 12. 1972, in: Dokumentation FU Berlin, Nr. 4/72, a. a. O., Dokumente 13 und 15, S. 36 ff.
28 Siehe dazu: Dokumentation FU Berlin, Nr. 1/74, a. a. O.
29 In: Dokumentation FU Berlin, Nr. 1/74, a. a. O., Dokument Nr. 8, S. 22.
30 In: Dokumentation FU Berlin, Nr. 1/74, a. a. O., Dokument Nr. 23, S. 40–41.
31 Entwurf des Senators für Schulwesen für eine Neufassung des Lehrerbildungsgesetzes. Stand: April 1974, in: PH Informationen, Nr. 16/74 vom 4. Juni 1974, hrsg. von der Pädagogischen Hochschule Berlin.
32 Wolf-Dieter Narr, Logik der Politikwissenschaft – eine propädeutische Skizze, S. 19, in: Politikwissenschaft. Eine Einführung in ihre Probleme, hrsg. von Gisela Kress und Dieter Senghaas, Frankfurt 1972, Fischer-Taschenbuch, S. 13–36.
33 Hans-Hermann Hartwich, Perspektiven des Fachs „Sozialkunde" im Rahmen der Bildungsreformen, S. 3, in: Gegenwartskunde, 1/1972, S. 3–15.

*Gerd Stein*

# Überlegungen zu einem erziehungs- und gesellschaftswissenschaftlichen Kernstudium

Das Studium, mit dem künftig in NRW die Befähigung für Lehrämter an allgemeinbildenden Schulen erworben werden kann, soll sich – nach einer Mitteilung des Ministers für Wissenschaft und Forschung (MWuF) an die nordrhein-westfälischen Gesamthochschulen vom 16. 11. 1973 – gliedern in Studiengänge

a) „für das Lehramt an der Grundschule (zukünftig: LA für die Primarstufe)",
b) „für das Lehramt an der Hauptschule und an der Realschule (zukünftig: LA für die Sekundarstufe I)",
c) „für das Lehramt am Gymnasium (zukünftig: LA für die Sekundarstufe II)".

Die LA-Studiengänge sind allesamt als *„Integrierte Studiengänge"* zu konzipieren; sie sollen sich – nach Vorstellungen des MWuF – aus drei Studien-Elementen zusammensetzen:

1. Einem erziehungs- und gesellschaftswissenschaftlichen (Teil-)Studium im Umfange eines Studienjahres;
2. einem fachwissenschaftlichen und didaktischen Studienteil für ein Unterrichtsfach („Zweites Fach" bzw. „Lernbereich") im Umfange eines Studienjahres;
3. einem fachwissenschaftlichen und didaktischen Studienteil für ein weiteres Unterrichtsfach („Erstes Fach") mit einem Umfang von einem Studienjahr (für Lehrer der Primarstufe und der Sekundarstufe I) bzw. mit einem Umfang von zwei Studienjahren (für Lehrer der Sekundarstufe II). Die Konzeption einer „Integrierten Lehrerausbildung" wird demnach – was ihre Aufgliederung in „pädagogische" Studienanteile einerseits und „fachliche" Studienanteile andererseits anbetrifft – dem folgenden, den Gesamthochschulen vom MWuF vorgegeben, Modell („Baukastensystem") entsprechen (s. Abb. 1).

Für alle Studiengänge, die zur Erlangung der Befähigung für ein LA an allgemeinbildenden Schulen führen, ist demnach ein einheitliches „erziehungs- und gesellschaftswissenschaftliches (Grund-)Studium" vorgesehen. Dieses „pädagogische" Grundstudium, für das ein Viertel (Sekundarstufe II) bzw. ein Drittel (Sekundarstufe I und Primarstufe) der für die o.g. LA-Studiengänge vorgesehenen „Regelstudien-

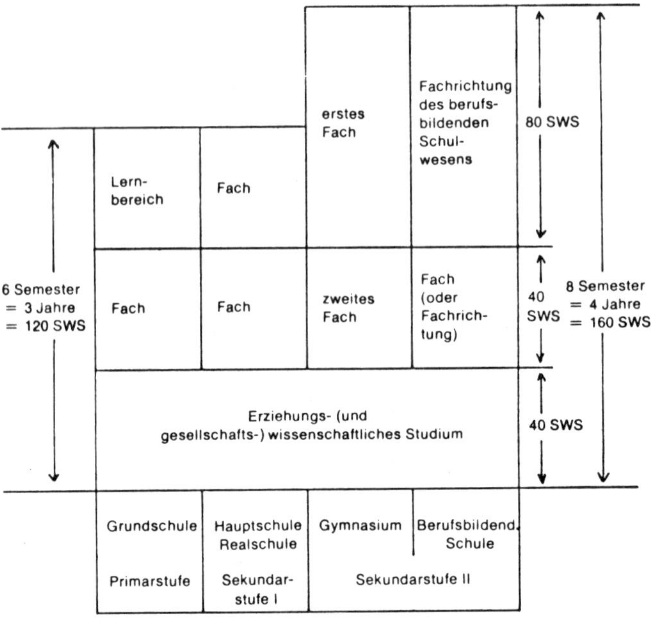


*Abb. 1:* Lehrerausbildung an Gesamthochschulen in NRW[1]

zeiten"(?!) zur Verfügung stehen soll, ist künftig jedoch als ein [integrierter] erziehungs- und gesellschaftswissenschaftlicher Studienteil für Lehrer aller Schulformen bzw. -stufen zu konzipieren. Damit könnten das herkömmliche [additive] „pädagogische Grundstudium" für Lehrer an Grundschulen und an Hauptschulen sowie das bisherige [partielle] „pädagogische Begleitstudium" für Lehrer an Realschulen und an Gymnasien abgelöst werden durch ein neuartiges „Pädagogik"-Studium für alle Lehrer, in das durchgängig gesellschaftswissenschaftliche Studien einzubeziehen sind.[2]

Eine entsprechende Neuordnung der Lehrerbildung an wissenschaftlichen Hochschulen in NRW sieht auch der Entwurf des Kultusministers zur Neufassung des Lehrerausbildungsgesetzes vor.

Im folgenden soll versucht werden, das Konzept eines „Erziehungs- und Gesellschaftswissenschaftlichen Kernstudiums" (EGK) für *alle* LA-Studiengänge zu skizzieren, d. h. nicht nur für Lehrer aller Schulstufen des allgemeinbildenden Schulwesens, sondern auch für Lehrer des berufsbildenden und des Sonder-Schulwesens.[3]

## *1. Das erziehungs- und gesellschaftswissenschaftliche Kernstudium: die zentrale Komponente integrierter Lehramts-Studiengänge*

Das EGK ist ein für alle LA- (und artverwandten pädagogischen) Studiengänge *verbindliches „Grundstudium"*; unabhängig von einer späteren Differenzierung und/oder Weiterführung dieser Studiengänge im „Hauptstudium" soll es

- Studienanfänger in das erziehungs- und gesellschaftswissenschaftliche Sehen, Denken und Handeln einführen;
- Pädagogik-Studenten zur rational-kritischen Analyse von Unterrichts- und Erziehungswirklichkeit, ihrer künftigen Berufspraxis, mitsamt deren gesellschaftlichen Bedingungen und Behinderungen anleiten;
- Lehramtsanwärter zur optimalen Lösung pädagogischer und pädagogisch relevanter Probleme befähigen.

Das EGK wird dabei zunächst die Spezialisierung pädagogischer Berufsrollen nach Schularten, Schulstufen und fachlichen Arbeitsschwerpunkten weitgehend unberücksichtigt lassen (können).

Das EGK ist ein *Teil-Studium* (I), genauer: eines der drei Komponenten Integrierter LA-Studiengänge; konzeptionell wie organisatorisch ist es daher durchgängig zu beziehen auf die beiden anderen Komponenten dieser Studiengänge:

1. auf das fachlich-didaktische Teilstudium (II),
2. auf die berufspraktischen Studien der verschiedenen pädagogischen Ausbildungsgänge.[4]

Das EGK stellt nicht nur, darin den fachlich-didaktischen Spezialstudien und den berufspraktischen Studien gleich, eines von drei für einen Integrierten LA-Studiengang konstitutiven, wechselseitig aufeinander bezogenen Elementen dar. Als eine für alle LA-Studiengänge obligatorische Studienkomponente bildet es zudem den eigentlichen Kern (*Kernstudium*), Fundamentum und Zentrum einer wissenschaftlichen und zugleich praxisbezogenen Lehrerbildung. Als Kernstudium hat es – funktional gesehen – „grundlegenden" und „integrativen" Charakter, als Teilstudium – studienorganisatorisch gesehen – einerseits „einführenden", andererseits durchgängig „begleitenden" Charakter.

Das erziehungs- und gesellschaftswissenschaftliche Teilstudium (I), welches das herkömmliche pädagogische „Grund-" oder „Begleitstudium" für Lehrer ablösen soll, wird daher im folgenden bewußt stets als ein „Kernstudium" bezeichnet. Damit soll zum einen ausdrücklich hervorgehoben werden, worin es sich von dem fachlich-didaktischen Teilstudium (II) unterscheidet. Zum anderen aber soll nachdrücklich die (Fächer wie Teilstudien) übergreifende, integrierende Funktion dieser allen LA-Studiengängen gemeinsamen Komponente betont werden: Die erziehungs- und gesellschaftswissenschaftliche Reflexion wird künftig im Mittelpunkt praxisbezogener Lehrerbildung stehen und einen jeden – im einzelnen höchst unterschiedlich angelegten – LA-Studiengang in all seinen Elementen und Phasen durchdringen müssen.

## *2. Pädagogisch-politische Begründung des EGK*

Bezüglich der Grundkonzeption einer wissenschaftlichen und zugleich praxisbezogenen Lehrerbildung wird von der Prämisse[5] ausgegangen, daß die Berufstätigkeit des Lehrers darin besteht, pädagogische Probleme „vor Ort" zu lösen. Diese Feststellung meint freilich anderes als eine Fixierung des EGK auf eine bestimmte, durch eine Summe von Teilfunktionen definierte Lehrerrolle oder ein starres Berufsbild; sie soll vielmehr andeuten, daß das EGK als ein aufgaben-orientiertes und problem-bezogenes „Pädagogik"-Studium für Lehrer und Erzieher zu konzipieren ist.

Zu einer solchen Grundkonzeption des EGK gelangt man weder von einer idealistischen Sicht des Pädagogen und/oder seines Berufes noch von spekulativen Erwägungen über das „Wesen" der Erziehung. Auszugehen ist zunächst einmal von einer umfassenden Bestandsaufnahme aktueller schul- und bildungspolitischer Auseinandersetzungen (*pädagogisch-politische Zeitfragen*) und einer skeptisch-kritischen Analyse vorfindbarer sozio-ökonomischer Tatbestände sowie offener und latenter politischer Konflikte im Bereich der Unterrichts- und Erziehungswirklichkeit und der sich darin spiegelnden „zeitlosen" Probleme (*pädagogisch-politische Grundfragen*).

Grundlage dieser Überlegungen ist, daß Pädagogik als Ganzes durchgängig in gesamtgesellschaftliche Prozesse verwoben ist, daß sie insbesondere dort, wo sie zu gesellschaftlichen Institutionen geronnen ist (z. B. in schulischer Unterrichts- und Erziehungspraxis), sich immer schon in sozio-ökonomischen Zusammenhängen und politischen Abhängigkeiten befindet; hinzu kommt, daß Pädagogik – als Theorie und Praxis – solche Bedingungen und Behinderungen von Unterricht und Erziehung weder ignorieren noch verharmlosen darf, vielmehr die konkrete, d. h. die geschichtlich-gesellschaftliche Situation pädagogischen Handelns stets mit berücksichtigen muß. Somit wird Basis und Mittelpunkt einer integrierten Lehrerbildung ein EGK sein müssen. Anders ausgedrückt: Praxisbezogene wissenschaftliche Lehrerbildung hat nicht zuletzt auch dafür Sorge zu tragen, daß jene Probleme bedacht und zur Sprache gebracht werden, die sich aus dem Tatbestand, daß es sich bei der Schule um eine gesellschaftliche Institution, eine öffentliche Anstalt handelt, für schulische Unterrichts- und Erziehungspraxis bzw. für das pädagogische Handeln von Lehrern (und Schülern) ergeben.[6]

Geht man von einem nicht auf den Bereich „Schule" begrenzten Begriff von Erziehung aus und bedenkt, daß die Beziehungen zwischen Erziehung und Gesellschaft, welche sich systemtheoretisch gesehen als ein Interdependenz-Verhältnis darstellen, sich faktisch als ein multi-dimensionaler Sach- und Situationszusammenhang erweisen, so wird man auch „Gesellschaft" primär nicht als einen Gegen-Begriff (zu Schule und Familie bzw. Erziehung allgemein), sondern als einen umfassenden (d. h. die gesamte menschliche Lebenswirklichkeit bezeichnenden) Begriff verwenden müssen. Unter diesem Aspekt wird der Begriff „Gesellschaftswissenschaften" bzw. „gesellschaftswissenschaftlich" hier weiter gefaßt als gemeinhin üblich. Er wird in einem quasi-universalen Sinne gebraucht und rückt damit in die Nähe des Begriffs „Humanwissenschaften", mit dem er zwar nicht identisch ist, sich jedoch in wesentlichen Teilen deckt. Unter „Gesellschaftswissenschaften" werden demgemäß im Blick auf das EGK nicht nur die Soziologie und sich auch oder ausschließlich als Sozialwissenschaften verstehenden Disziplinen (z. B. Wirtschafts-, Politik- und Rechtswissenschaft) verstanden, sondern auch eine Reihe anderer zur Aufklärung der „humanpraktischen Lage"[7] der Erziehung beitragenden Disziplinen (z. B. Psychologie und Philosophie).

Falls es in den lehrerausbildenden Institutionen auch künftig nicht bloß um eine politische Ausrichtung angehender Berufserzieher oder um eine spezialisierte Ausbildung von Lehramts-Anwärtern gemäß einer inhaltlich fixierten Berufsrolle bzw. eines bestimmten Kanons beruflicher Funktionen gehen soll, sondern vor allem um eine qualifizierte schul- und gesellschaftskritische Lehrer-Bildung, so werden im Studium (und ebenso im Referendariat sowie in der Lehrerfort- und -weiterbildung) vorrangig unterrichtliches und erzieherisches Handeln problematisiert und die gesellschaftlichen, insbesondere die politischen und ökonomischen Bedingungen und Behinderungen pädagogischer Praxis thematisiert werden müssen.

Integrierte Lehrerbildung meint eine hochschulgemäße Ausbildung, bei der erziehungs- und gesellschaftswissenschaftliche sowie fachlich-didaktische und berufspraktische Studienelemente miteinander verknüpft werden. Der Lehramtsanwärter soll dadurch nicht nur auf seine künftigen Aufgaben in einem bestimmten pädagogischen Berufsfeld „vorbereitet" werden; er soll vielmehr – dies gilt insbesondere für das EGK – unterrichtliches und erzieherisches Handeln von Anfang an zugleich als einen bedeutsamen Faktor gesellschaftlicher Praxis sehen, bedenken und entwerfen lernen.

Der Praxisbezug wissenschaftlicher Lehrerbildung wird dabei durch zwei nicht voneinander zu trennende Momente näher bestimmt: zum einen durch die allgemein-pädagogischen bzw. -didaktischen Aufgaben des Lehrers (Unterricht und Erziehung), zum anderen durch die berufsspezifischen Funktionen und die ambivalente (!) politische Rolle des Lehrers in einer gesellschaftlichen, zumeist staatlichen Institution (Schule).

Zur Begründung des EGK als eines Allgemeinen oder „Pädagogik"-Studiums für (professionelle) Lehrer und Erzieher, das der Forderung nach Wissenschaftlichkeit und Praxisbezogenheit entsprechen soll, taugen weder affirmative noch re-aktive noch neonormative pädagogische Theorien. Die Konzeption eines EGK läßt sich hinreichend nur von einer pädagogischen Theorie her begründen, welche – als eine praxisbezogene Theorie der Erziehung – über die Verbindung von prinzipien- und real-wissenschaftlicher Fragestellung hinaus sowohl analytisch-kritische als auch kritisch-konstruktive Aufgaben wahrzunehmen und so Theorie und Praxis stets miteinander zu vermitteln sucht.

Insofern ein EGK durchgängig dem Zusammenhang von Erziehung, Politik und Gesellschaft (im schulischen wie im außerschulischen Bereich!) Rechnung tragen soll, wird eine ihr als „Grundlage" dienende kritisch-konstruktive bzw. -kreative pädagogische Theorie materialiter *eine politikbezogene* (allgemeine und systematische) *Theorie pädagogischen Handelns,* eine „Politische Pädagogik"[8] sein müssen.

Eine ideologie-, gesellschafts- und selbst-kritische Pädagogik, als welche der Verf. eine solche pädagogisch-politische Handlungstheorie verstanden wissen möchte, könnte nicht nur für eine praxisbezogene Lehrerbildung maßgeblich werden, welche dazu anleiten soll, pädagogische Praxis – unter Berücksichtigung ihrer politischen Dimension – mit Hilfe der Erziehungs- und der Gesellschaftswissenschaften neu zu entdecken und zu gestalten. Sie dürfte zugleich eine Neuorientierung pädagogischen Handelns jenseits der falschen Alternative einer radikalen Entpolitisierung oder einer totalen Politisierung von Unterricht und Erziehung gewinnen helfen.

Pädagogische Praxis ist stets als ein Sektor jener gesellschaftlichen Wirklichkeit zu sehen, in der und auf die hin Unterricht und Erziehung geschehen; das pädagogische Handeln des Lehrers und Erziehers ist von daher stets auch zu sehen als („parteilicher") Vollzug pädagogischer Praxis innerhalb eines politischen Kräfte-Feldes: Freilich nicht so, daß der Lehrer im schulischen Bereich einerseits pädagogische Aufgaben zu erfüllen und andererseits eine gesonderte bzw. zusätzliche politische Rolle wahrzunehmen hätte. Jede pädagogische Aufgabe hat vielmehr zugleich auch ihre politische Dimension (und umgekehrt). Erziehung, Politik und Gesellschaft stehen in einem Verhältnis wechselseitiger Bedingung und Bedingtheit.

Pädagogische Aufgaben und politische Rolle des Lehrers und Erziehers sind auf das gleiche Wirkungsfeld bezogen: auf die Unterrichts- und Erziehungswirklichkeit als Teil gesellschaftlicher Praxis; sie stellen im Grunde nur zwei Seiten ein und derselben Sache dar, bezeichnen die dem Pädagogen aufgegebene doppelte, eben: pädagogisch-politische Verantwortung, insofern als er in seiner Praxis als „Anwalt" nicht nur der Individualrechte, sondern auch der sozialen Belange des Heranwachsenden angesprochen ist.[8a]

### 3. *Das erziehungs- und gesellschaftswissenschaftliche Kernstudium: ein aufgabenorientiertes und problembezogenes „Pädagogik"-Studium*

Nicht zuletzt des komplexen Zusammenhangs von Erziehung, Politik und Gesellschaft wegen gilt es bei der Konzeption eines EGK zu bedenken, welche Gefahren gerade für eine praxisbezogene wissenschaftliche Lehrerbildung aus einer naiven Rezeption des soziologischen Rollenbegriffs in der Pädagogik sowie aus einer Orientierung von LA-Studiengängen an einer rein instrumentell-technologischen Theorie des professionellen Pädagogen resultieren können.

Der angehende Lehrer soll im EGK zu einer wissenschaftlichen Auseinandersetzung (auch) mit Problemen seiner künftigen Berufspraxis angeleitet und zur kritischen Wahrnehmung und rationalen Selbst- und Mitbestimmung seiner pädagogischen Berufsrolle befähigt werden. Gleichwohl sollte man – um naheliegende Mißverständnisse zu vermeiden – das EGK nicht als ein „berufswissenschaftliches" Studium bezeichnen. Vom EGK als einem „Studium der Berufswissenschaft des Lehrers"[9] zu sprechen, scheint aus zweierlei Gründen nicht empfehlenswert:

1. Die Bezeichnung „Berufswissenschaft" steht heute zumeist als Terminus für jene wissenschaftliche Disziplin, die sich mit empirischer Berufsfeldforschung befaßt. Deren Ergebnisse sind für die Lehrerausbildung keineswegs ohne Belang. Zur Konstituierung wissenschaftlicher, rational-kritischer Lehrerbildung dürften sie jedoch kaum tauglich sein.
2. Unter „Berufswissenschaft des Lehrers" wird weithin – und das wohl nicht ganz zu Unrecht – die Pädagogik verstanden; beim EGK ist jedoch ausdrücklich an ein interdisziplinäres (Teil-)Studium gedacht.

Ein EGK, das sich als zentraler Bestandteil einer praxisbezogenen wissenschaftlichen Lehrerbildung versteht[10], wird sich in seinen Studienzielen wie auch in seinem strukturalen Aufbau grundsätzlich (!) unterscheiden von allen inhalts- oder fertigkeits-orientierten Modellen „akademischer" Lehrerbildung. Für die Grundkonzeption eines EGK kommen demnach folgende Lösungen *nicht* in Betracht:

- die Orientierung an fachlichen Inhalten bzw. an der Fach-Systematik verschiedener Disziplinen bei der Auswahl von Studieninhalten [*materiale (Lehrer-)Bildungstheorie*];
- die Orientierung an speziellen Fertigkeiten, auch Lehrer- oder Lehrfunktionen genannt, bzw. die Reduzierung berufspraktischer Studien auf mikro-teaching sowie didaktischer Studien auf eine Vermittlung instrumenteller Technologien [*formale (Lehrer-)Bildungstheorie*].

*Maßgeblich* für die Konzeption und die Planung eines EGK ist vielmehr die Orientierung an den pädagogischen Aufgaben und der politischen Rolle des Lehrers und Erziehers sowie die Bezugnahme auf allgemeinpädagogische und hinsichtlich der Berufspraxis des Pädagogen relevante Probleme [*aufgabenorientierte und problembezogene (Lehrer-)Bildungstheorie*]. In dieser Grundkonzeption eines EGK sind im übrigen auch die beiden zuvor genannten einseitigen Aspekte, welche Modelle einer inhalts- bzw. fertigkeitsorientierten Lehrerausbildung kennzeichnen, unter pädagogischer Perspektive aufgehoben und sachangemessen berücksichtigt.

### *4. Studienziele des EGK*

Die Studienziele des EGK können formuliert werden als *„Qualifikationen"*, die im Laufe dieses Teilstudiums erworben bzw. grundgelegt werden sollen. Diese „Qualifikationen" sind gewonnen unter Berücksichtigung der künftigen Berufstätigkeit des Lehrers und Erziehers einerseits sowie des gegenwärtigen Problemstandes der Erziehungswissenschaft und (soweit pädagogisch relevant) der Gesellschaftswissenschaften andererseits. Die Berufstätigkeit des professionellen Pädagogen, auf die in den Studienzielen wiederholt Bezug genommen wird, läßt sich umschreiben als Unterrichts- und Erziehungspraxis, welche stets in ihrem weiteren gesellschaftlichen Kontext zu sehen ist.

Die *Studienziele*[11] erziehungs- und gesellschaftswissenschaftlicher Studien für pädagogische Berufsrollen lauten:

- Fähigkeit, Bildungsprozesse einschließlich ihrer gesellschaftlichen Bedingungen und Behinderungen sachangemessen zu beschreiben, zu analysieren und zu beurteilen;
- Fähigkeit, erziehungswissenschaftliche und pädagogisch relevante gesellschaftswissenschaftliche Untersuchungen auf ihren theoretischen Ansatz, ihre Methoden und ihre Ergebnisse sowie deren Praxisrelevanz hin zu befragen;
- Fähigkeit, pädagogische sowie pädagogisch relevante Probleme unter den verschiedenen Aspekten der am EGK beteiligten Disziplinen selbständig anzugehen, ihre Untersuchung methodisch zu planen und ggfl. Lösungsmöglichkeiten aufzuzeigen;
- Fähigkeit, erziehungs- und gesellschaftswissenschaftliche Theorien unter meta-theoretischem Aspekt auf Voraussetzungen, Leistungsfähigkeit und Grenzen hin zu befragen sowie offene Fragen der Erziehungs- und Gesellschaftswissenschaften zu sehen und daraus Folgerungen für pädagogische Theorie und Praxis zu ziehen;
- Fähigkeit, über die Strukturierung und Organisation von Unterrichts- und Erziehungsprozessen – sowohl deren Ziele, Inhalte, Formen und Medien als auch deren situative Bedingungslage betreffend – begründet zu entscheiden und an der praxisnahen Entwicklung „offener Curricula" mitzuarbeiten;
- Fähigkeit, Struktur und Problematik von Bildungsinstitutionen sowie von pädagogischen Berufsrollen in ihrem Wechselbezug mit dem jeweiligen Stand der sozio-ökonomischen Entwicklung zu sehen und zu beurteilen und aufgrund erziehungs- und gesellschaftswissenschaftlich begründeter Reflexion über institutionalisierte pädagogische Praxis und pädagogische Berufsrollen zu notwendigen Reformen im Bereich des Bildungswesen beizutragen;

– Fähigkeit, sich normen- und ideologiekritisch mit Unterrichts- und Erziehungszielen, Richtlinien und Lehrplänen sowie bildungs- und gesellschaftspolitischen Programmen auseinanderzusetzen und die Bedeutung erziehungs- und gesellschaftswissenschaftlicher Erkenntnisse für eine Problematisierung pädagogisch-politischer Grund- und Zeitfragen darzustellen.

## *5. Problemkreise des EGK*

Ein „Pädagogik"-Studium, das beansprucht, in das erziehungs- und gesellschaftswissenschaftliche Sehen, Denken und Handeln einzuführen, und zwar mit dem Ziele, angehende professionelle Lehrer und Erzieher zur Analyse, Kritik und „Besserung" pädagogischer Praxis anzuleiten, darf sich nicht nur beschränken auf eine Auseinandersetzung mit den Zielen, Inhalten, Formen und Medien unterrichtlicher und erzieherischer Praxis. Es wird vielmehr immer auch einzugehen haben auf die Begründungszusammenhänge pädagogischen Denkens und Handelns (erziehungs- und sozialphilosophische, wissenschaftstheoretische und methodologische Reflexion) einerseits sowie auf die institutionellen Bedingungen und Behinderungen pädagogischer Praxis (sozio-ökonomische Faktoren, verfassungsrechtliche und -politische Situation) und auf die situativen Voraussetzungen und Barrieren des Lehrens und Lernens (individual- und sozialpsychologische Faktoren, sozio-kulturelle Bedingungslage) anderseits.

Im Hinblick auf die Allgemeinen Studienziele eines EGK erscheint im Rahmen dieses Teilstudiums die Beschäftigung mit folgenden *Problemkreisen*[12] vordringlich:

*(I)* *Bildung, Mensch und Gesellschaft*
Themenbereiche z. B.: Bildungstheorie – Wissen und Handeln, Selbst- und Mitbestimmung, Enkulturation, Sozialisation und Personalisation; Gesellschaftstheorie – Soziales System und Sozialer Wandel, Integration und Emanzipation, Status und Rolle, Interesse, Konflikt und Konsens; Theorie des Menschen als Kind, Jugendlicher und Erwachsener – Bildsamkeit und Bestimmung, Entwicklung und Begabung.

*(II)* *Unterricht und Erziehung*
Themenbereiche z. B.: Theorie pädagogischen Handelns – Führung und Beratung, Indoktrination und Manipulation, Interaktion, Information und Kommunikation.

*(III)* *Lehren und Lernen*
Themenbereiche z. B.: Theorien und Modelle der Didaktik; Allgemeine Didaktik und Fach-Didaktik, Fachdidaktik und Fachwissenschaft.

*(IV)* *Bildungsinstitutionen und pädagogische Berufsrollen*
Themenbereiche z. B.: Theorie der Schule – Schule als Bildungsinstitution, öffentliche Anstalt, soziales System; Theorie des professionellen Pädagogen – Sozialgeschichte, pädagogische Aufgaben und politische Rolle des Lehrers und Erziehers.

*(V)* *Wissenschaftstheorie und Methodologie*
Themenbereiche z. B.: Denkformen und Forschungsmethoden in der Erziehungswissenschaft und in den Sozialwissenschaften, Systemansätze der Pädagogik im Spannungsfeld von Empirie und Theorie, Erziehungswissenschaft und Erziehungswirklichkeit.

Die Problemkreise I–IV bilden den *thematischen*, Problemkreis V stellt den *methodologischen* Bezugsrahmen des EGK dar. Was das Verhältnis der einzelnen Problemkreise zueinander betrifft, so ist auf den besonderen Stellenwert der Problemkreise I und V hinzuweisen. Der Problemkreis I bezeichnet gleichsam die „Fundamentalperspektive" des EGK bzw. der diesem Teilstudium zugrundeliegenden pädagogisch-politischen Theorie des professionellen Lehrers und Erziehers; von daher umgreift sie die Problemkreise II, III und IV und verweist zugleich auf deren thematischen Zusammenhang. Die Problemkreise II, III und IV erinnern an die Notwendigkeit a) einer Einarbeitung in verschiedene thematische Teilbereiche der Erziehungswissenschaft sowie b) einer Erörterung der Grund- und Zeitfragen einer „Politischen Pädagogik" im Horizont allgemeiner bzw. systematischer pädagogischer (Teil-)Theorien. Der Problemkreis V schließlich bezeichnet eine quasi-thematische Perspektive, die quer zu allen anderen Problemkreisen liegt; unter dieser Perspektive sind alle thematischen Teilstudien im Rahmen des EGK grundsätzlich zu problematisieren.

## *6. Entwicklung eines „offenen" Curriculum-EGK*

Bezugnehmend auf die genannten Problemkreise läßt sich ein „offenes" (!) Curriculum-EGK entwickeln, das sich an den Studienzielen orientiert und relevante Beiträge verschiedener Fach-Disziplinen problembezogen, d. h. im Blick auf ausgewählte Grund- und Zeitfragen einer „Politischen Pädagogik" zu integrieren sucht.

Für den strukturalen Aufbau eines Curriculum-EGK erscheinen *drei Gesichtspunkte* wesentlich:

1. Bildungsprozesse sind nicht nur personale Interaktions- und Kommunikationsprozesse, sondern zugleich Phänomene gesellschaftlicher Praxis, d. h. einer multi-dimensionalen geschichtlichen Wirklichkeit.

2. Eine kritische Analyse und eine rationale Verhandlung pädagogischer Situationen und Probleme mitsamt ihres gesellschaftlichen Kontextes setzt voraus, daß diese
   a) unter erziehungs- und gesellschaftswissenschaftlicher Perspektive entfaltet und
   b) im Horizont allgemeiner bzw. systematischer pädagogischer (Teil-)Theorien erörtert werden.

   In die allgemein-systematische Erörterung pädagogischer Grund- und Zeitfragen sind zudem stets der geschichtliche und der vergleichende Aspekt mit einzubeziehen.
3. Erziehungs- und gesellschaftswissenschaftliche Studien für pädagogische Berufsrollen sind durchgängig mit meta-theoretischen Reflexionen zu verbinden. Dabei ist die wissenschaftstheoretische und methodologische Diskussion in der Erziehungswissenschaft und in den Sozialwissenschaften zu berücksichtigen.

Der konzeptionelle Rahmen für ein „offenes" Curriculum-EGK, das diesen Gesichtspunkten Rechnung trägt und den Studienzielen des EGK entspricht, läßt sich am besten in einem *Strukturgitter* (Abb. 2) darstellen. Dieses verdeutlicht zugleich die Strukturelemente des vorgelegten Entwurfs eines EGK.

Die Koordinaten dieses Strukturgitters sind
- in der Horizontalen
  die verschiedenen *Perspektiven* eines EGK:
  - Psychologie,
  - Soziologie,
  - Ökonomie,
  - Politikwissenschaft,
  - Rechtswissenschaft,
  - Philosophie;
- in der Vertikalen
  die zentralen *Problemkreise* eines EGK:
  - Bildung, Mensch und Gesellschaft,
  - Unterricht und Erziehung,
  - Lehren und Lernen,
  - Bildungsinstitutionen und pädagogische Berufsrollen,
  - Wissenschaftstheorie und Methodologie.

Das Strukturgitter soll vor allem der Entwicklung und Planung eines „offenen" Curriculum-EGK dienen. Diesbezüglich hat es eine doppelte Funktion: zum einen bietet das Strukturgitter Anhaltspunkte zur Konkretisierung der relativ allgemein gehaltenen Studienziele eines EGK auf spezielle „Studieninhalte" (Themenfelder und Einzelthemen) hin, die es in diesem Teilstudium rational-kritisch zu verhandeln

*Abb. 2:* STRUKTURGITTER (Bezugsrahmen für ein „offenes" Curriculum-EGK)

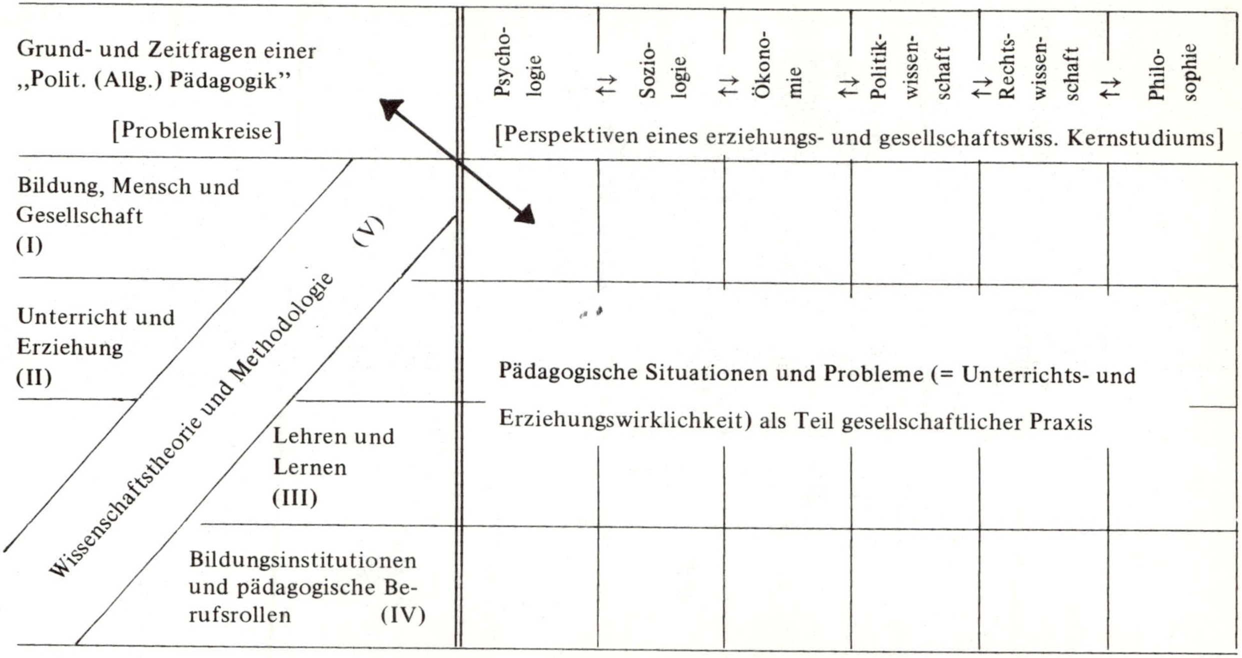

gilt; zum anderen liefert das Strukturgitter Hinweise auf den Umfang der im Rahmen eines EGK wünschenswerten fächerübergreifenden Kommunikation und Kooperation sowie bezüglich einer Strukturierung und Dimensionierung der Themenfelder und Einzelthemen des EGK im Blick auf eine problem-bezogene Beteiligung verschiedener Fachdisziplinen an diesem Teilstudium.

Der skizzierte strukturale Aufbau eines Curriculum-EGK dürfte insbesondere dies erkennen lassen: Die im Rahmen des EGK zu behandelnden Fragen liegen quer sowohl zur Systematik einzelner Fach*disziplinen*, die für das Kernstudium von Bedeutung sind (*Erziehungswissenschaft, Psychologie, Soziologie, Ökonomie, Politikwissenschaft, Rechtswissenschaft, Philosophie*) wie auch zu den unterschiedlichen Gruppierungen der Fach*vertreter* (in *Grund*wissenschaftler und *Fach*wissenschaftler, *Allgemeine* Pädagogen und *Schul*-Pädagogen, Allgemeine *Pädagogen* und Allgemeine *Didaktiker*, Fach*didaktiker* und Fach*wissenschaftler*), die an den verschiedenen wissenschaftlichen Hochschulen mit den Aufgaben der Lehrerausbildung befaßt sind. Mit anderen Worten: Die ein „offenes" Curriculum-EGK strukturierenden Problemkreise und Perspektiven sind *weder* aus der Systematik einer oder mehrer an diesem Teilstudium beteiligten Fachwissenschaften *noch* aus der Binnengliederung der LA-Studiengänge im Blick auf Stundenanteile einzelner Fachdisziplinen und/oder ihrer Teilbereiche ableitbar.

## *7. Planung eines EGK*

Im Rahmen eines aufgabenorientierten und problembezogenen „Pädagogik"-Studiums für professionelle Lehrer und Erzieher sind alle Fachwissenschaften, die zur Erhellung und Aufarbeitung pädagogischer oder pädagogisch relevanter Probleme, zur Analyse und Kritik sowie zur Planung und Verwirklichung unterrichtlicher und erzieherischer Praxis beitragen können, auf Kommunikation und Kooperation mit der Erziehungswissenschaft angewiesen. Die Beiträge, welche die einzelnen Fachdisziplinen zum EGK leisten können, sind *von pädagogischen Problemen* bzw. *von der Berufspraxis des Lehrers und Erziehers her* zu bestimmen und interdisziplinär zu koordinieren; sie lassen sich – wie ausdrücklich hervorgehoben wurde – nicht aus der Fach-Systematik dieser oder jener sich am Lehrangebot für das EGK beteiligenden Einzeldisziplin ableiten.

Dies heißt jedoch nicht, daß der Fachwissenschaftler im Rahmen des EGK bei der Erörterung eines zur Diskussion stehenden Themas auf die *sach- und fachgemäße Entfaltung der damit zusammenhängenden vor- bzw. außer-pädagogischen Probleme* verzichten soll. Der Sinn eines integrierten EGK liegt ja u. a. gerade darin, im Rahmen eines aufgabenorientierten und problembezogenen Studiums bei der Ver-Handlung fächerübergreifender Themen und komplexer, mehrdimensionaler Sachverhalte das unterschiedliche Problembewußtsein und die fachspezifischen Fragestellungen verschiedener Disziplinen mit ins Spiel zu bringen.

Für die ihrer erziehungsrelevanten Forschungsergebnisse, Erklärungsmodelle, Fragestellungen oder Grundbegriffe wegen am EGK beteiligten Fachdisziplinen ergibt sich aus der Forderung nach einem integrierten Teilstudium die Notwendigkeit einer *intra-disziplinären Schwerpunktbildung* im Blick auf den Bildungsbereich, d. h. der Einbeziehung pädagogischer Grund- und Zeitfragen in den jeweiligen fachlichen Problemhorizont. In der Psychologie und in der Soziologie, den traditionellen „Hilfswissenschaften" der Pädagogik, hat eine entsprechende Binnendifferenzierung bereits stattgefunden; in der Politikwissenschaft und in anderen Gesellschaftswissenschaften, z. B. in der Ökonomie und in der Rechtswissenschaft, ist diese Aufgabe dagegen noch kaum in Angriff genommen worden.[13]

Die für die Planung und Durchführung des EGK zuständigen bzw. daran beteiligten Fachdisziplinen werden zwangsläufig pädagogische sowie für die Lehrerbildung relevante Problemkreise in ihr Arbeitsgebiet einbeziehen müssen. Die *Politikwissenschaft* beispielsweise könnte im Rahmen des EGK vor allem beitragen zur Klärung

- des Zusammenhangs von Erziehung, Politik und Gesellschaft;
- der politischen Funktion von Unterricht und Erziehung sowie von schulischer und außerschulischer Sozialisation;
- der Bedeutung von Schule als staatlicher und/oder privater gesellschaftlicher Institution;
- des Stellenwerts von Bildungsforschung, Bildungsplanung und Bildungspolitik im Rahmen des gesellschaftlichen Systems.[14]

Bei den neu bzw. weiter zu entwickelnden Arbeitsschwerpunkten innerhalb der verschiedenen am EGK beteiligten Fachdisziplinen geht es jedoch nicht darum, von der jeweiligen fachwissenschaftlichen Forschung losgelöste und der Erziehungswissenschaft zu unterstellende Teil-Disziplinen, etwa: eine „Pädagogische" Polit(ik)ologie oder Ökonomie – analog der „Pädagogischen (?) Psychologie" und der „Pädagogischen (?) Soziologie" – ins Leben zu rufen. Wenn im Blick auf die Realisierung fächerübergreifender Studien für pädagogische Berufsrollen von den einzelnen Fachdisziplinen der Verzicht auf eine je „autonome" Behandlung pädagogischer Probleme gefordert wird, so ist damit nicht eine Aufgabe, sondern ein Einbringen des speziellen Sachverstandes und der spezifischen Fragestellung und Sichtweise verschiedener Fach-Wissenschaften in situations-, problem- oder sachbezogene Analysen pädagogischer Praxis gemeint.

Aus dem herkömmlichen pädagogischen „Grund"- oder „Begleit"-Studium wird freilich nicht schon oder gar allein dadurch ein integriertes erziehungs- und gesellschaftswissenschaftliches Kernstudium, daß die Zahl der „Hilfswissenschaften" erweitert und die Entwicklung einer Reihe weiterer spezieller Forschungsschwerpunkte innerhalb bestimmter Fachwissenschaften angeregt wird. Das EGK ist – hochschuldidaktisch und (!) studienökonomisch gesehen – nur zu verwirklichen als *eine gemeinsame Aufgabe der Fachdisziplinen Erziehungswissenschaft, Psychologie, Soziologie, Ökonomie, Politikwissenschaft, Rechtswissenschaft und Philosophie*, d. h. in Form eines fächerübergreifenden Teilstudiums, das auf pädagogische Situationen und Probleme bezogen ist. Daher ist von allen an der Planung und Durchführung des EGK beteiligten Fach-Wissenschaften neben und über eine entsprechende intra-disziplinäre Schwerpunktbildung (z. B. „Politikwissenschaft unter besonderer Berücksichtigung des Bildungsbereichs") hinaus eine der Integration erziehungs- und gesellschaftswissenschaftlicher Studien für pädagogische Berufsrollen dienende *inter-disziplinäre Kommunikation und Kooperation* zu fordern. Wobei Integration in Zusammenhang mit dem EGK mehr und anderes meint als eine bloße Addition „einführender" erziehungswissenschaftlicher und gesellschaftswissenschaftlicher Lehrveranstaltungen.

Das Lehr- und Studienangebot für ein EGK sollte unter keinen Umständen in zwei Teile, einen *erziehungs*wissenschaftlichen und einen *gesellschafts*wissenschaftlichen zerrissen werden. Wer für ein integriertes EGK plädiert, wird dessen Planung und Durchführung nicht teils in die „Zuständigkeit" der Erziehungswissenschaft, teils in die der Gesellschaftswissenschaften verweisen, d. h. wieder separieren können.

Das schließt, wie gesagt, eine fachwissenschaftliche Schwerpunktbildung und Arbeitsteilung seitens der verschiedenen daran beteiligten Einzeldisziplinen sowie eine relative Variabilität bei der Planung und Durchführung von Lehrveranstaltungen nicht aus. Im Blick auf die Verwirklichung eines integrierten EGK ist jedoch vor allem dafür Sorge zu tragen, daß – trotz unterschiedlicher Schwerpunktbildung und arbeitsteiliger, variabler Gestaltung – das Lehr- und Studienangebot aller Fachdisziplinen im Rahmen des EGK der Grundkonzeption dieses Teilstudiums als einem aufgabenorientierten und problembezogenen „Pädagogik"-Studium Rechnung trägt.

Im Interesse einer nicht nur formalen Integration erziehungs- und gesellschaftswissenschaftlicher Studien für pädagogische Berufsrollen ist insbesondere *ein kritisches, aber offenes* – d. h. möglichst „(vor-)herrschaftsfreies" – *Gespräch zwischen Erziehungs- und Politikwissenschaftlern* notwendig; ein Gespräch, *das* bei allen Kontroversen *sich orientiert an einer pädagogisch-politischen Berufsrolle des Lehrers und Erziehers und bezogen bleibt auf die gemeinsame Verantwortung beider Disziplinen bezüglich einer wissenschaftlichen und zugleich berufspraxisbezogenen Lehrerbildung.*

Die jeweiligen Vertreter dieser beiden und anderer für das EGK zuständigen Fach-Wissenschaften sollten sich einem solchen Gespräch nicht länger dadurch zu entziehen suchen, daß sie – der eigenen „Interessenlage" entsprechend bzw. dem jeweiligen Trend des „Zeitgeistes" folgend – entweder einer „rein" sozialwissenschaftlichen oder einer „rein" erziehungswissenschaftlichen Ausrichtung der Lehrerbildung das Wort reden. Praxisbezogene Lehrerbildung ist nicht an dieser oder jener Fachwissenschaft auszurichten, weder an der fixierten Systematik noch an dem dogmatischen Professionalisierungskonzept eines bestimmten Faches. Praxisbezogene Lehrerbildung wird sich vielmehr orientieren müssen an den pädagogischen Aufgaben und an der politischen Rolle des Lehrers und Erziehers in einer sich „demokratisch" verstehenden Gesellschaft.

Eine solche Orientierung wissenschaftlicher Lehrerausbildung legt es nahe, der Erziehungswissenschaft bei der Entwicklung des EGK neben und über ihre fachlich-kooperative Mitwirkung hinaus eine integrative Funktion zuzuweisen und ihr die Federführung bei der Planung und Organisation dieses Studienelementes integrierter LA-Studiengänge einzuräumen. Eine derartige Integrations- und Koordinationsfunktion rechtfertigt jedoch in keiner Weise eine Prä-dominanz der Erziehungswissenschaft gegenüber den anderen am EGK beteiligten Fachdisziplinen oder gar deren Subordination im Sinne einer falsch verstandenen „Pädagogisierung".

Die Integrations- und Koordinationsaufgabe der Erziehungswissenschaft im Rahmen des EGK besteht vor allem darin, gerade angesichts einer fortschreitenden Differenzierung des „Pädagogik"-Studiums insgesamt und einer zunehmenden Spezialisierung der einzelnen LA-Studiengänge, dafür zu sorgen, daß im Sinne einer möglichst weitgehenden Integration: zum einen der wissenschaftlichen Ausbildung aller Lehrer, zum anderen der einzelnen Studienelemente eines jeden LA-Studiengangs, die zentralen erziehungs- und gesellschaftswissenschaftlichen Fragestellungen im Rahmen einer praxisbezogenen Lehrerbildung aufgenommen und durchgängig beibehalten werden.

1 Abb. 1 ist entnommen aus: Gesamthochschulen in NRW – Materialien zu Aufbau, Entwicklung und Funktion. Hrsg.: Der Minister für Wissenschaft und Forschung des Landes NRW, Düsseldorf 1974, S. 37.

2 Vgl. hierzu: Gesamthochschulen in NRW, a. a. O., S. 34–43 („Lehrerausbildung").

3 Die Überlegungen des Verf. zu einem „Erziehungs- und gesellschaftswissenschaftlichen Kernstudiums" haben pro-vokative Impulse nicht zuletzt erfahren durch die kontroverse Diskussion mit Kollegen im Rahmen des Arbeitsausschusses „Lehrerausbildung und Erziehungswissenschaft" der nordrhein-westfälischen Gesamthochschulen. Vgl. daher zum folgenden auch die von diesem Ausschuß erarbeiteten „Empfehlungen für das erziehungs- und gesellschaftswissenschaftliche Teilstudium in der Ausbildung von Lehrern für Grund- und Hauptschule, Realschule und Gymnasium". Siegen 1973 (maschinenschr. Manuskript). –

Mit der Einführung des Begriffs „EGK" und dem Eintreten für eine entsprechende Ausbildungskomponente als integratives Element aller LA-Studiengänge will der Verf. weder dem modischen Trend einer Reduktion wissenschaftlicher Studien, Lehre und/oder Forschung auf „gesellschaftsrelevante" Fragestellungen nachkommen noch einer Okkupation der Pädagogik durch die Gesellschaftswissenschaft „Soziologie" Vorschub leisten oder gar einer bestimmten gesellschafts-politischen Ausrichtung des Lehrkörpers an lehrerausbildenden Hochschulen das Wort reden. Die vorliegenden Ausführungen zur Konzeption eines EGK entspringen vielmehr der Einsicht in die Möglichkeit und der Ansicht von der Notwendigkeit, Heinrich Roths Forderung nach einer „realistischen Wendung" der Pädagogik nicht nur in der erziehungswissenschaftlichen Forschung, sondern auch in der Lehrerbildung stärker und anders als bisher Rechnung zu tragen. Die geforderte „realistische Wendung" muß dabei keineswegs zwangsläufig auf eine fragwürdige Fixierung von Studium und Lehre auf die derzeit „gegebene Erziehungswirklichkeit" und eine unzulässige Verkürzung der Pädagogik – etwa: die Propagierung einer „rein" empirischen Erziehungswissenschaft *oder* eine gegenwärtig „realistisch" erscheinende parteiisch-weltanschauliche Politisierung der Pädagogik – hinauslaufen.

4 Vgl. hierzu Christa Händle: Lehrerbildung und Berufspraxis, Weinheim (Beltz) 1972; Theo Dietrich u. a. (Hrsg.): Schulpraktische Studien in der Lehrerbildung (= Zeitschrift für Pädagogik, 11. Beiheft), Weinheim (Beltz) 1972; Werner S. Nicklis: Die Schulpraktika im pädagogischen Grundstudium, Bad Heilbrunn (Klinkhardt) 1972; Helmut Heiland: Schulpraktische Studien, Bad Heilbrunn (Klinkhardt) 1973.

5 Vgl. hierzu Hans Bokelmann: Begründung und Umriß wissenschaftlicher Studien für pädagogische Berufsrollen, in: Pädagogische Rundschau 24 (1970) 11, S. 805–831.

6 Vgl. hierzu Horst Rumpf: Die administrative Verstörung der Schule, Essen (Neue Deutsche Schule) 1966; Friedhelm Nyssen (Hrsg.): Schulkritik als Kapitalismuskritik, Göttingen (Vandenhoeck & Ruprecht) 1971; Hermann Holstein: Die Schule als Institution, Ratingen (Henn) 1972; Wolfgang Fischer u. a.: Schule und kritische Pädagogik, Heidelberg (Quelle & Meyer) 1972.

7 Der Begriff „humanpraktische Lage" ist übernommen von Hans Bokelmann (a. a. O., S. 823).

8 Vgl. hierzu Gerd Stein: Plädoyer für eine Politische Pädagogik, Ratingen (Henn) 1973.

8a Vgl. hierzu Erwin Schwarz: Die zentrale Aufgabe des Lehrers, in: Westermanns pädagogische Beiträge 20 (1968) 1, S. 11–20; hier: S. 16 f. – Zur pädagogisch-politischen Berufsrolle des Lehrers siehe Klaus Betzen/Karl Ernst Nipkow (Hrsg.): Der Lehrer in Schule und Gesellschaft (Texte), München (Piper) 1971; Arno Combe: Kritik der Lehrerrolle, München (List) 1971; Hans-Hermann Groothoff: Funktion und Rolle des Erziehers, München (Juventa) 1972.

9 Vgl. etwa den Beitrag von Fritz Rudolph: Die Ausbildung von Lehrern – Probleme, Diskussionen, Vorschläge, in: Christopher Dannemann (Hrsg.): Bildung und Bildungspolitik in der BRD, Neuwied (Luchterhand) 1973, S. 111–142; hier: S. 131. – Rudolphs Vorschläge zur Organisation wissenschaftlicher Lehrerausbildung (S. 127–139) erscheinen in der Sache jedoch sehr wohl bedenkenswert.

10 Vgl. hierzu auch Christa Händle: Lehrerbildung und Berufspraxis (siehe Anm. 4). Händle verweist dort auf die in Entwicklungs- und Reformtendenzen der Lehrerbildung in den USA sich abzeichnende Alternative eines „fertigkeitsorientierten" oder eines „aufgabenorientierten" Lehrerausbildungsmodells (a. a. O., S. 74).

11 Die Formulierung der Studienziele eines EGK erfolgt zum Teil in Anlehnung an die „Empfehlungen" des Arbeitsausschusses „Lehrerausbildung und Erziehungswissenschaft" (siehe Anm. 3) sowie an den „Qualifikationskatalog" des Kultusministers von NRW für die „Teilprüfung [von Lehramtsanwärtern] in ‚Erziehungswissenschaft' " (Entwurf: April 1974).

12 Vgl. hierzu auch das Votum des Arbeitsausschusses „Lehrerausbildung und Erziehungswissenschaft" (siehe Anm. 3) sowie die Hinweise zur Lehrerausbildung an den Gesamthochschulen, in: Gesamthochschulen in NRW, a. a. O. (siehe Anm. 1), S. 36.

13 Vgl. hierzu vor allem den Beitrag von Siegfried Jenkner „Die Politikwissenschaft im allgemeinen (erziehungs- und gesellschaftswissenschaftlichen) Teil der Lehrerausbildung" in diesem Band; ferner: Gerd Stein: Plädoyer für eine Politische Pädagogik, a. a. O. (siehe Anm. 8), hier: S. 64–70 („Politikwissenschaft und Lehrerbildung").

14 Von daher fordert etwa Siegfried Jenkner die Entwicklung eines „Spezialbereichs ‚Politikwissenschaft der Erziehung und Schule' " (vgl. bes. Teil III seines Beitrags in diesem Band).

*Hans-Joachim Winkler*

# Zur Abstinenz von Politikwissenschaftlern bei der Erarbeitung von Richtlinien und Lehrbüchern für den Politikunterricht

(1) Ausgangspunkt der folgenden, bewußt pointiert vorgetragenen Überlegungen und Hypothesen ist der Tatbestand, daß in den Bundesländern Hessen und Nordrhein-Westfalen viel diskutierte Richtlinien für das Schulfach Gesellschaftslehre/Politik[1] vorgestellt worden sind, an denen kein Politikwissenschaftler an hervorragender Stelle mitgearbeitet hat. Damit ist keineswegs gesagt, daß derartige Richtlinien etwa „besser" oder weniger brisant ausgefallen wären, wenn Fachwissenschaftler beteiligt worden wären. Die Frage lautet eher umgekehrt: Warum begibt sich die Politikwissenschaft der Chance, bei einer derart wichtigen bildungspolitischen Maßnahme mitzuwirken, wie sie Richtlinien für ein Schulfach darstellen? Denn derartige Richtlinien *strukturieren* einmal den *Unterricht* – auch wenn der „heimliche Lehrplan" des Alltags nicht untschätzt werden soll. Sie strukturieren außerdem die nach den Richtlinien auszuarbeitenden *Materialien* (Handreichungen) für den Lehrer und vor allem die auf ihrer Basis revidierten oder neu erarbeiteten *Schul-* bzw. *Lehrerhandbücher* der Verlage. Schließlich strukturieren sie in einer Art Rückkopplung auch dem sozialwissenschaftlichen Teil des Lehrerstudiums; sie beeinflussen also die *Lehr-, Prüfungs- und Forschungstätigkeit* der dort tätigen Politikwissenschaftler, falls diese nicht – was ja gelegentlich noch geschieht – am künftigen Berufsfeld ihrer Studenten vorbeiarbeiten. Auf jeden Fall sind also auch Politikwissenschaftler von staatlichen Richtlinien betroffen, an denen keiner ihrer Kollegen maßgeblich mitgearbeitet hat. Das gilt übrigens auch für Kollegen aus Disziplinen, die sich mit der Politikwissenschaft teilweise überschneiden wie Politische Soziologie oder Staatsrecht.

(2) Unberücksichtigt bleiben muß hier die wichtige Frage, ob durch die Unterschrift des zuständigen Ressortministers derartige *Unterrichts-Richtlinien* ausreichend politisch *legitimiert* sind.[2] Immerhin erscheint es unter dem Aspekt größerer Transparenz schon ein Fortschritt, daß – wie in Hessen – die Autoren der Richtlinien genannt werden. Soweit ersichtlich, dominiert bei den Autoren von Richtlinien die Erziehungswissenschaft. Das ist zweifellos aus der Sache legitimiert. Jede Rahmenrichtlinie, jedes Curriculum für den Politik-

unterricht beruht jedoch notwendigerweise auf einer gesamtgesellschaftlichen Analyse; auch in den einzelnen Themenbereichen und Lernfeldern tauchen zahlreiche politikwissenschaftliche Fachprobleme auf.

Der Autor hat ein maßgebliches Mitglied der Richtlinien-Kommission in Nordrhein-Westfalen gefragt, woher denn der politikwissenschaftliche Sachverstand gekommen sei. Der betreffende Historiker und Pädagoge nannte als Quelle die „relevante Fachliteratur". Diese Quelle ist fragwürdig; denn *Günter Mann* hat in einer Hamburger Diplomarbeit[3] in mühsamen Auszählungen nachgewiesen, daß von der Verlagspolitik bis zur Titelwahl zahlreiche sachfremde Faktoren den Transfer von Informationen aus dem Bereich der Fachwissenschaft in den der Didaktik und der Erziehungswissenschaft über das Medium Buch erheblich beeinflussen. Dazu wirkt der Zeitfaktor gravierend, weil es etwa fünf Jahre dauert, bis der jeweilige Stand der wissenschaftlichen Diskussion über das Gedruckte vom interessierten Außenseiter angenommen wird. So entsteht ein *fachlicher Legitimitätsmangel,* der den Richtlinienverfassern nur bedingt anzurechnen ist, der aber vermeidbar wäre, wenn Politikwissenschaftler wenigstens beratend hinzugezogen werden. Beispielsweise hat *Wolf-Dieter Narr* die Hessischen Rahmenrichtlinien grundsätzlich begrüßt, aber u. a. als gravierend kritisiert, daß der „gesellschaftliche Systemzusammenhang" der vier Lernfelder „Sozialisation, Wirtschaft, Öffentliche Aufgaben und Intergesellschaftliche Konflikte" nicht vorhanden ist.[4] Im Anschluß an diese Kritik schlägt er eine stringente Verbindung aus politikwissenschaftlicher Sicht vor. Ein derartiger fachlicher Rat hätte von jeder Kommission leicht berücksichtigt werden können.

Nebenbeibemerkt fällt aus politikwissenschaftlicher Sicht bei der Durchsicht der Hessischen Rahmenrichtlinien auf, daß aus den Bereichen Wirtschaft, Geschichte, Soziologie und Geographie umfangreiche, wenn auch oft fragwürdige Literaturhinweise als „Materialhilfe" gegeben werden. Nur im Lernfeld „Öffentliche Aufgaben" fehlen sie. Nicht eine einzige politikwissenschaftliche Arbeit zum Bereich des Regierungssystems ist verzeichnet.

(3) Was von der Abstinenz der Politikwissenschaftler bei der Erarbeitung der Richtlinien gesagt wurde, gilt vergleichbar für die Erstellung von Büchern, die speziell für den Lehrer im Schulfach Politik bestimmt sind und die dazu strukturnotwendigerweise in einem *pädagogischen Verlag* erscheinen müssen. Wenn ausnahmsweise Politikwissenschaftler als Autoren erscheinen, bestätigen sie nur die Regel.[5]

(4) In logischem Zusammenhang zu der Abstinenz der Politikwissenschaft in den Bereichen Richtlinien und Lehrbücher für Politikunterricht, die ja unbestritten wichtige Faktoren politischer Sozialisation sind, steht eine dritte Tendenz: ein Blick in die Vorlesungsverzeichnisse der Hochschulen zeigt, daß man sich an den Politikwissenschaftlichen Lehrstühlen erstaunlich wenig mit so zentralen Bereichen wie der der *politischen Sozialisation,* also der Bildungs- und Schulpolitik beschäftigt. Näheres darüber hat in diesem Sammelband *Dietrich Thränhardt* ausgeführt. Dabei besteht auch an den nicht-pädagogischen Hochschulen die Mehrzahl der Studenten im Fach Politikwissenschaft aus künftigen Lehrern. Allerdings kann die Vernachlässigung politischer Sozialisation allein kein Hinderungsgrund sein, Politikwissenschaftler an der Erarbeitung von Richtlinien und Lehrbüchern zu beteiligen, und zwar da, wo ihr Sachverstand hilfreich sein kann.

### *Widerstände bei Kultusbürokratie und Verlagen*

(5) Mitglieder von Richtlinienkommissionen werden nicht demokratisch legitimiert, also nicht von den verschiedenen Organisationen der Pädagogen und beteiligten Wissenschaften entsandt, sondern von der *Kultusbürokratie* berufen. Nur so scheint gesichert, daß das Beratungsergebnis in etwa den politischen Richtlinien des Ministers entspricht. Am Beispiel der so viel kritisierten Hessischen Rahmenrichtlinien hat Kultusminister *Ludwig von Friedeburg* dieses scheinbar undemokratische Verfahren damit legitimiert, daß sein Ergebnis ein breite Diskussion hervorgerufen habe:

„Die Breite der Diskussion, die Aufforderung, das Vorgelegte konkret in der Unterrichtspraxis zu erproben und die damit gewonnenen Erfahrungen einzubeziehen in Veränderungen der Vorlage selbst, machen deutlich, daß es auf diesem Wege gelungen ist, ein weitaus größeres Potential an Diskussionspartnern zu aktivieren, als es auch eine noch so breit ausufernde Erweiterung von Richtlinienkommissionen selbst ermöglicht hätte."[6]

Ähnlich argumentiert *Wolf-Dieter Narr,* der ja sonst engagiert für mehr Demokratie und Transparenz eintritt[7]:

„Die so oft kritisierte Methodik des Zustandeskommens dieser Rahmenrichtlinien soll zuerst eindeutig gutgeheißen werden. Man kann nicht etwas Neues wollen, sich hierzu aber zuerst mit allen Gruppen zusammensetzen, die ja gerade in ihrer spezifischen Mischung Veränderung selbst verhindert haben."

Wenn also eine Beteiligung der Fachwissenschaft offiziell nicht möglich ist, indem etwa die „Deutsche Vereinigung für Politische Wissenschaft" als die Fachorganisation Vertreter entsendet, bleibt dennoch zu fragen, warum nicht einzelne Fachvertreter eingeladen werden.

(6) Für diese Abstinenz lassen sich zwei Gründe vermuten: Einmal gibt es relativ *wenige* Politikwissenschaftler, die *Kenntnisse des Berufsfeldes Schule* haben. Inwieweit dieser Tatbestand auch historische Gründe hat, zeigt *Siegfried Jenkner* in diesem Sammelband. So ergibt sich die Merkwürdigkeit, daß diese Disziplin nach dem Kriege vor allem für Zwecke der politischen Bildung (nicht zuletzt in der Schule) wiederbelebt worden ist, ihrerseits aber weniger Kontakt zur Schulwelt hat als irgendeine andere Wissenschaft.

(7) Einen zweiten, möglicherweise gravierender Grund für die erwähnte Abstinenz dürfte das *mangelnde Interesse* vieler Politikwissenschaftler *an der Vermittlungsproblematik* ihrer Arbeitsergebnisse darstellen. Symptom dafür ist der gerade von jüngeren (also vielleicht noch unsicheren) Politikwissenschaftlern gepflegte *Fachjargon*, der einfach abschreckt. Dabei wirkt es fast tragikomisch, daß sich unter ihnen viele „Progressive" finden, die für verstärkte Theorie-Praxis-Bezüge und die Emanzipation eintreten, was ja wohl nur durch bessere Kommunikation mit den Außenstehenden (nicht zuletzt den „Lohnabhängigen") möglich ist. Das mag u. a. erklären, warum in derartigen Richtlinienkommissionen Schulleute lieber unter sich bleiben –, mit den zu Beginn geschilderten Folgen, die schließlich auf Forschung und Lehre im Bereich der Politikwissenschaft zurückschlagen.

(8) Ähnliche Hinderungsgründe mögen bei den Schulbuchverlagen bestehen, Politikwissenschaftler als Autoren heranzuziehen. Unabhängig von Presse- und Lehrfreiheit sind ihre Produkte einer Art *Zensur der Kultusbürokratie* unterworfen[8], wenn sie nicht ökonomisch ein Mißerfolg werden sollen. Das engt zweifellos die Freiheit der Autoren ein und das erklärt, warum Verlage lieber auf bewährte Schulpraktiker zurückgreifen und dafür ruhig die Kritik der Fachwissenschaft in Kauf nehmen.

### *Widerstände bei Politikwissenschaftlern*

(9) Alle diese Faktoren erklären jedoch noch nicht ausreichend, warum Politikwissenschaftler nicht wenigstens beratend bei der Entwick-

lung derart wichtiger Instrumente politischer Sozialisation mitwirken. Wenn man nach den Gründen im Bereich der Wissenschaft selbst sucht, könnte sich das Bild abrunden.

Die erwähnte Geringachtung der Vermittlungsproblematik zeigt sich u. a. darin, daß zwischen der *Wissenschaft und ihrer Didaktik* vielerorts keine Beziehungen bestehen, wie der Autor aus seiner Erfahrung an der Universität Hamburg weiß. Das hat strukturelle Gründe; denn Beschäftigung mit Didaktik der Politikwissenschaft oder mit politischer Bildung ist *keine Karriere-Hilfe* für junge Politikwissenschaftler, – wenigstens noch nicht. Das hat zur Folge, daß politikwissenschaftlich interessierte Historiker oder Erziehungswissenschaftler diesen Bereich abdecken. Eine gewisse Arroganz auf der einen Seite kann sehr wohl Ansätze zu Minderwertigkeitskomplexen auf der anderen hervorrufen. Wenn etwa die Didaktik auf reine Vermittlungstechnik beschränkt würde, so wäre das ein Schaden für die ganze Politikwissenschaft, weil sie damit ein wichtiges Wirkungsinstrument außer acht läßt. Falls der große Bereich der Didaktik und der politischen Bildung der Politikwissenschaft entgleiten sollte, sich also dadurch eine Schwächung der Politikwissenschaft in der Wissenschaftskonkurrenz oder geringere Chancen für den politikwissenschaftlichen Nachwuchs ergeben sollten, so wäre das ein innerdisziplinäres Problem. *Siegfried Jenkner* hat jedoch in seinem vorstehenden Beitrag gezeigt, daß es auch gesamtgesellschaftliche Auswirkungen auf politische Einstellungen und Verhaltensweisen hat, wenn Politikwissenschaft im Sozialisationsbereich nicht „angenommen" wird, weil ihre Vertreter diesen Bereich in Forschung und Lehre vernachlässigen oder ihre Arbeitsergebnisse in ihn nicht vermitteln können. Auch in der Politikwissenschaft ist die *„innere" Hochschulreform*, also z. B. das Überdenken notwendigen Lehrstoffes, noch nicht vorangekommen. Vielleicht rächt es sich, daß zu wenig Politikwissenschaftler bisher bereit waren, sich der oft schwierigen und langwierigen Arbeit in Richtlinienkommissionen oder bei den Verhandlungen mit den Lektoren der Schulbuchverlage zu unterziehen. Denn auch derartige Arbeit setzt Lernprozesse in Gang und kann fruchtbare Auswirkungen zum Beispiel im Bereich der Hochschuldidaktik haben. Daß hier auch die politische Wissenschaft noch einen erheblichen Nachholbedarf hat, steht wohl außer Zweifel. Nur ein derartiges Umdenken wird es möglich machen, nicht nur bei Ergebnissen der Erziehungswissenschaft mangelnde oder falsche gesamtgesellschaftliche, also politische Bezüge oder die Vernachlässigung der Macht- und Interessenfaktoren zu beklagen, sondern mitzuhelfen, daß der politische Aspekt in Lehrerausbildung und Fachdidaktik den notwendigen Stellenwert erhält.

*Anmerkungen*

1 Beispielhaft sind hier zugrundegelegt: Der Hessische Kultusminister: Rahmenrichtlinien. Sekundarstufe I. Gesellschaftslehre, o. O. u. J. (1972), und: Der Kultusminister des Landes Nordrhein-Westfalen, Richtlinien für den politischen Unterricht. Verlegerische Betreuung: Lehrmittelverlag W. Hagemann, Düsseldorf, u. Ernst Klett Verlag, Stuttgart 1973.

2 Zur Problematik der Legitimation vgl. Friedrich Minssen: Legitimationsprobleme in der Gesellschaftslehre – Zum Streit um die hessischen „Rahmenrichtlinien", in: Beilage 41/73 zur Wochenzeitung „Das Parlament" vom 13. 10. 1973.

3 Didaktik der politischen Bildung und die Politische Wissenschaft – Fachwissenschaftliche Analyse und Kritik der Berücksichtigung politikwissenschaftlicher Theorien und Forschungsergebnisse in ausgewählter erziehungswissenschaftlicher Literatur der 60er Jahre zur Didaktik der politischen Bildung; Diplom-Arbeit bei Prof. Dr. Hans-Peter Schwarz, Universität Hamburg, November 1970 (masch. Manuskript).

4 Wolf-Dieter Narr: Verbindliche Ausbildungsreform oder unverbindliche Reformrederei, in: Was sollen Schüler lernen? Die Kontroverse um die hessischen Rahmenrichtlinien für die Unterrichtsfächer Deutsch und Gesellschaftslehre, hrsg. v. Gerd Köhler/Ernst Reuter, Frankfurt/M. 1973, S. 82.

5 Vgl. als weit verbreitetes Beispiel Hans-Hermann Hartwich (Hrsg.): Politik im XX. Jahrhundert, Braunschweig 1964 ff.; als Beispiel für ein spezielles Schulbuch vgl. Sozialkunde, Lehr- und Arbeitsbuch zur Politischen Bildung für die Sekundarstufe I, hrsg. u. verf. v. Martin Greifenhagen u. Manfred Hättich, Stuttgart 1972.

6 Ludwig von Friedeburg: Ein Rahmenwerk für die innere Schulreform, in: Was sollen Schüler lernen?, a. a. O., S. 35.

7 Wolf-Dieter Narr, a. a. O., S. 79.

8 Vgl. Manfred Enaux: Das Schulbuch in verfassungsrechtlicher Sicht, in: Blickpunkt Schulbuch, Heft 16, Mai 1974, S. 17 ff. Einen bemerkenswerten Versuch, das Auswahlverfahren von Schulbüchern transparenter zu machen, stellt die 1972 vom Kultusminister des Landes Nordrhein-Westfalen berufene „Landesschulbuchkonferenz" für den Bereich der Politischen Bildung dar (vgl. Landtag NRW, Drucks. 7/1802 v. 9. 6. 1972 „Überprüfung der Schulbücher").

*Gerhard Wuthe*

# Zur Problematik der Lernzielorientierung des Politik-Unterrichts – aus der Sicht der Politikwissenschaft

## I.

In der Vielfalt der Vermittlungsprobleme der Politikwissenschaft kommt der Unterrichtsgestaltung der Schule und damit der Lehrerausbildung eine zentrale Bedeutung zu. Ihre Aufgabenstellung erstreckt sich auf zwei Bereiche:

1. Beteiligung an der sozialwissenschaftlichen Formierung der pädagogischen Grundausbildung,
2. Beteiligung an der fachdidaktischen Ausbildung, die auf den Unterrichtsgegenstand „Politik" orientiert ist.

Es erscheint aus systematischen wie aus rein pragmatischen Gründen zweckmäßig, diese Zweiteilung zwischen dem institutionellen (Schule) und personellen (Lehrerrolle) Aspekt der politischen Sozialisation und dem didaktischen Aspekt, der die Formulierung von Lernzielen, Lerninhalten, Lernmethoden und Erfolgskontrollen umfaßt, beizubehalten. Hierzu ist auch eine terminologische Abklärung mit der Intention *Roloff*s erforderlich, der mit seiner berechtigten Forderung, politische Bildung primär als politisches Problem zu sehen, auch die Schule als politische Institution und die Rolle des Lehrers unter die politische Didaktik subsumiert.[1] Jedoch braucht dieser Gliederungsproblematik hier nicht weiter nachgegangen werden, da die hier zu behandelnde Thematik unzweifelhaft in den Bereich der politischen Didaktik i. e. S. gehört: Die Konzeption eines lernzielorientierten Politikunterrichts.

Sie hat ihren Ausgang in der Erkenntnis genommen, daß das Bemühen um Bildungsreform notwendig auch Reform der Bildungsinhalte sowie der Formen des Lehrens und Lernens einschließen muß.[2] Systematischer Ort dieser Überlegung ist die Curriculum-Forschung, die in den letzten Jahren zu einer breiten Diskussion geführt hat. Diese Diskussion ist vornehmlich durch das Konzept *Robinsohn*s[3] ausgelöst worden. Es beruht auf der Zielvorstellung, den Schüler zur Bewältigung der ihm in gegenwärtigen und künftigen Lebenssituationen gestellten Aufgaben zu befähigen. Dafür braucht er eine entsprechende Qualifikation, die auf Kenntnissen und Erkenntnissen, Einstellungen, Fähigkeiten und Fertigkeiten beruht, die sich in zweckgemäße Verhaltensleistungen umsetzen. Das Unterrichtsgeschehen orientiert sich an Lernzielen, die diesen Qualifikationen entsprechen und durch adäquate Lerninhalte vermittelt werden. So entsteht ein Ableitungszusammenhang von Situationen über erstrebte Qualifikationen zu erforderlichen Curriculum-Elementen, in denen Inhalte in Sequenzen, angemessene Lehrverfahren in Lernprozesse transponiert werden. Lehrpläne stellen nicht mehr einen Stoffkanon verbindlicher Themen dar, vielmehr erfolgt die Auswahl von Inhalten nach den Erfordernissen der Lernziele.

Um allzu überschwenglicher Euphorie zu begegnen, sei daran erinnert, daß die hier verfochtene Zielvorstellung selbst nicht so völlig anders ist als herkömmliche Bemühungen. Auch früher ging es im Unterricht darum, den Schüler für künftige Aufgaben zuzurüsten, nicht zuletzt in der heute schon klassisch zu nennenden didaktischen Analyse (*Klafki*). Auch hat der *Robinsohn*sche Ansatz manchen kritischen Einwand erfahren, nicht zuletzt, was hier besonders interessiert, im Hinblick auf die Bestimmung der Lebenssituationen und das damit verbundene Normenentscheidungsproblem.[4] Jedoch hat die Konsequenz dieses Konzepts, die Unzulänglichkeit bisheriger Lehrpläne durch ein rationales, effizientes, kontrollierbares und legitimiertes Verfahren zu überwinden, auch die weiteren Bemühungen um die Curriculum-Entwicklung entscheidend mitgeprägt. Ein Zurückgehen hinter die erreichten Positionen im Erfordernis wissenschaftlicher Kriterien ist nicht mehr möglich.

## II.

Die Konzeption eines lernzielorientierten Unterrichts hat sich auch auf den Sachbereich Politik erstreckt. Es kann in diesem Zusammenhang unerörtert bleiben, ob eine Curriculum-Reform, wie es der Auffassung *Robinsohn*s entspricht, nur als eine Entwicklung im ganzen anzusehen ist, oder ob aus praktischen, vorwiegend arbeitsökonomischen und Zeitgründen auch bereits mittelfristige, fachspezifische Curricula für einzelne Lernbereiche konstruiert werden können.[5] In der Curriculumpraxis ist die Entwicklung bereits im letzteren Sinne gelaufen. Curriculumstrategien und Richtlinienentwürfe für den Politischen Unterricht liegen vor.[6] An diese Tatsache wird man sich halten müssen, um die Aufgabenstellung für die Politikwissenschaft abzuklären.

Folgen wir dem Ableitungszusammenhang, wie er im Gefolge des *Robinsohn*-Konzepts für die Curriculum-Strategie auch im Sachbereich des Politik-Unterrichts verbindlich ist, so ergeben sich Aufgaben in drei Stufen:

1. Situationsanalyse,
   und zwar nicht nur in der Charakterisierung der spezifischen für den Schüler relevanten Lebenssituationen und der ihn unmittelbar erfassenden Real-Situationen, sondern auch auf der allgemeineren Ebene der gegenwärtigen gesellschaftlichen Wirklichkeit überhaupt wie auch in Bezug zum Politischen System, in dem er lebt, dem der Bundesrepublik Deutschland.
2. Ermittlung der Qualifikationen,
   die sich nicht unmittelbar aus der Situationsbeschreibung ergeben, sondern die in jeweils denkbaren Alternativen von Verhaltensdispositionen durch Entscheidung ausgewählt werden müssen.
3. Auswahl und Strukturierung von den Lernzielen entsprechenden Inhalten, sowie ihre methodische Aufbereitung.

Bevor jedoch diese Fragestellungen im einzelnen angegangen werden können, muß erst die Grundfrage der Beteiligung der Fachwissenschaften generell an der Curriculum-Entwicklung erörtert werden, ebenso im besonderen die der Politikwissenschaft.

Die wissenschaftliche Grundlegung oder „fachwissenschaftliche Verbindlichkeit"[7] des politischen Unterrichts und damit auch seiner curricularen Planung wird als selbstverständliches Kriterium angesehen. Problematisch wird sie lediglich dadurch, daß nicht nur eine wissenschaftliche Disziplin zugrundegelegt werden kann, sondern daß mehrere beteiligt sind. Es ist dabei offenbar unbestritten, daß zunächst nur generell von einer sozialwissenschaftlichen Grundlegung ausgegangen werden kann, zu der die Politikwissenschaft als Teildisziplin gehört. Grundtatsache ist hier die Aufsplitterung der Sozialwissenschaften, die heute überwiegend in der Fachdiskussion aufgrund ihrer negativen Wirkungen hinsichtlich Problemverlusts und methodischer Mängel als Belastung empfunden wird[8], die es durch verstärkte interdisziplinäre Kooperation allmählich aufzuheben gilt. Der Stellenwert der Politikwissenschaft kann also keinesfalls von einem Monopol für die wissenschaftliche Begründung eines Curriculums Politik bestimmt werden, auch nicht vom Anspruch als „Königs"- oder „Integrationswissenschaft". Allenfalls kann sie Schrittmacherdienste leisten, die anderen betroffenen Wissenschaften zu einer Kooperation für curriculare Aufgaben zu führen. Zu klären wäre noch der Umkreis der zu beteiligenden Disziplinen. Unzweifelhaft gehören Soziologie zuzüglich Sozialpsychologie vornehmlich in ihrer Funktion als empirische Sozialwissenschaften und Wirtschaftswissenschaft, insbesondere als politische Ökonomie dazu, wohl auch die

Rechtswissenschaft. Problematisch ist das Verhältnis zur Geschichte, wohl weniger aus sachlichen Gründen, denn unbestritten gehört die historische Perspektive in der Vergangenheit, Gegenwart und zukünftige Entwicklung umschließenden Zeitdimension zum Bezugsrahmen des Politischen, als vielmehr aus praktischen Fragen der Unterrichtsorganisation, die ein Spannungsverhältnis von herkömmlichem Geschichtsunterricht, der häufig auch politische Bildung einschloß und künftigem Politik-Unterricht provozieren, die noch der Vermittlung bedürfen.

Es kann also von der Forderung ausgegangen werden, daß die Politikwissenschaft als sozialwissenschaftliche Teildisziplin in Kooperation mit anderen betroffenen Sozialwissenschaften, die für die Curriculumentwicklung im Bereich des Politischen erforderlichen Elemente, aus denen sich Qualifikationen und darauf bezogene Inhalte ergeben, in wissenschaftlichen Verfahren zur Verfügung zu stellen hat.

## III.

Inwieweit wird dieser theoretischen Forderung in der pädagogischen Praxis tatsächliche Rechnung getragen? Was für die Diskussion um die Politische Bildung seit 1945 generell gilt, das trifft auch auf die Curriculum-Entwicklung zu: Sie wird primär als pädagogisches Problem gesehen und von Pädagogen getragen. Mit vielen anderen hat *Roloff*[9] diese Situation deutlich geschildert: Von wenigen Ausnahmen abgesehen, etwa *Bergsträsser* und seiner Schüler (*Hennis* u. a.) haben sich die Vertreter der Wissenschaft von der Politik in vornehmer Zurückhaltung gegenüber den Ansprüchen der Politischen Bildung gegeben, obwohl die Wiederbegründung der Politologie nach dem II. Weltkrieg wesentlich auch von Bildungs-Impulsen angeregt worden ist. Der Anspruch der Politischen Bildung auf Wissenschaftlichkeit wurde und wird vornehmlich von der Pädagogik her begründet.

Auch das Eingreifen der Sozialwissenschaften in Gestalt der Kritischen Theorie Frankfurter Observanz[10] in die Diskussion um die Politische Bildung kann nicht der Politologie, sondern muß zunächst der Soziologie gutgeschrieben werden.

Wenn auch in den letzten Jahren das Interesse an der Vermittlungsproblematik vornehmlich unter jüngeren Fachvertretern der Politischen Wissenschaft[11] sichtbar gewachsen ist, so ist es doch noch immer ein marginales Interesse, das keineswegs die entschiedene Forderung *Roloff*s erfüllt, die Politische Didaktik als Teildisziplin der Politikwissenschaft anzusehen.[12] Darüber können auch die verstärkten Bemühungen der Deutschen Vereinigung für Politische Wissenschaft, auf ihren Kongressen eine eigene Arbeitsgruppe für Vermittlungsprobleme und eine Projektgruppe für „Berufsfeldanalyse und Curriculumrevision" einzurichten, nicht hinwegtrösten.[13] Im Zentrum dieser Bemühungen steht vorerst noch die Entwicklung eines Curriculums für ein politikwissenschaftliches Studium an den Hochschulen.[14] Das ist gewiß vor allem im Hinblick auf das darin eingeschlossene Berufsfeld des Sozialkundelehrers[15] von eminenter Bedeutung, aber eben noch nicht der Einstieg in die Curriculum-Entwicklung für den Politik-Unterricht an Schulen.

Die Gründe für das geringe Engagement der Politikwissenschaftler können hier nur angedeutet werden. Sie werden gewiß in jenen theoretischen Bezugsrahmen zu stellen sein, den *Luhmann* mit seinem Begriff der Reputation als Funktionselement für die Selbststeuerung der Wissenschaft[16] umschrieben hat. Hier ist auch der Hinweis *Winklers*[17] aufzunehmen, daß Beschäftigung mit Didaktik (noch) keine Karriere-Hilfe ist und somit Domäne der Historiker und Pädagogen bleibe. Fest steht, daß die Vertreter der Fachdisziplin Politologie an den Universitäten, aber auch an Pädagogischen Hochschulen sich nicht zu curricularem Tun gedrängt haben. Sie sind aber auch nicht gerade animiert worden. Sei es, daß man wie wiederum *Winkler* bemerkt[18], Expertokratie = Rechthaberei der Politologen fürchtet, in den einschlägigen Kommissionen sind sie praktisch nicht vertreten, werden allenfalls gelegentlich zu spezieller Begutachtung herangezogen. Die Schulpraktiker bleiben unter sich, was offensichtlich auch für die Ministerialbürokratie bequemer ist.

Dieser Zustand trifft auch für jenes Beispiel zu, das im folgenden näher untersucht werden soll, weil es für unsere Thematik besonders aufschlußreich zu sein scheint: Die „Richtlinien für den Politischen Unterricht in Nordrhein-Westfalen", zu denen auch ein Theorieband Curriculum „Politik" vorliegt, der ein Lehrplan-Verfahren in „einen lückenlosen Zusammenhang von den theoretischen Prämissen bis zum praktischen Unterricht" herzustellen vorgibt[19]. An diesem Beispiel wird am besten zu erörtern sein, ob es ausreicht, wenn ein Curriculum „Politik" ausschließlich von Lehrern, allenfalls mit „vielfältiger fachwissenschaftlicher Unterstützung"[20] ausgearbeitet wird und man es sich demnach leisten kann, auf einen gewichtigeren Beitrag fachwissenschaftlichen Potentials zu verzichten.

## IV.

Vorweg sei bemerkt, daß die Arbeit der Richtlinienkommission, nach ihrem Leiter Rolf *Schörken*, benannt, höchste Anerkennung verdient. Ihr Selbstbewußtsein, daß fachwissenschaftliche Leistung nicht nur durch Hochschullehrer repräsentiert wird, ist sicher bis zu einem gewissen Grad gerechtfertigt, schließt aber auch eine kritische Bewertung des vorgelegten Resultats nicht aus, sondern fordert es heraus. Das soll keine kleinliche Mäkelei akademischer Beckmesser sein, denn das Richtlinienkonzept hat sich ohnehin schon gegen oftmals ungerechtfertigte Anwürfe, weniger auf der pädagogisch-politischen, als der unmittelbar politischen Ebene zu wehren, wie die Debatten im Landtag u. a. gezeigt haben.[21] Jedoch muß sich ein Verfahren, das so hohe Ansprüche wie Effizienz, Kontrollierbarkeit und Legitimierung zu erfüllen vorgibt, an diesen Ansprüchen auch messen lassen.

Ausgehend von der Unzulänglichkeit traditioneller Lehrpläne wird die Notwendigkeit eines rationellen wissenschaftlichen Verfahrens für ein Curriculum begründet. Ausgehend von dem Ansatz *Robinsohn*s mit seinem Strukturkonzept, das auf dem allgemeinen Erziehungsziel: Bewältigung von Lebenssituationen basiert, wird ein Ableitungszusammenhang zur Gewinnung von Lernzielen und Lernsequenzen hergestellt. Im weiteren Verlauf meint man jedoch, auf methodische Mängel dieses Konzepts gestoßen zu sein, die zu einer „Anpassungsdidaktik" führen könnten. Dies gilt vornehmlich für das Problem der Entscheidung über die zu fordernden Qualifikationen. In der Konsequenz *Robinsohn*s hat *Zimmer* eine Lösung des Normenentscheidungsproblems durch Zusammenarbeit von Experten aus verschiedenen Fachrichtungen versucht.[22]

Dieses Verfahren erscheint den Verfassern der Richtlinien als unzureichend. Sie entwickeln eine Alternative im Anschluß an *Blankertz*[23], nämlich die wissenschaftstheoretische Kontroverse, die sich unvermeidlich im Hinblick auf unterschiedliche Positionen (positivistische und kritische Sozialwissenschaft, technokratisches und realutopisches Verhalten) ergibt, nicht den Experten zu überlassen, sondern eine Objektivierung des Verfahrens durch Methodisierung zu erreichen. Dies soll durch Einführung einer didaktischen Matrix, eines „didaktischen Strukturgitters" geschehen, mit dessen Hilfe die Analyse von Inhalten objektiviert werden kann.

Mit dieser entscheidenden Wendung, die den Ansatz *Robinsohn*s durch das *Blankertz*sche Alternativmodell revidiert, ist die Curriculumstrategie für den politischen Unterricht fixiert und kann an einem Verlaufsmodell dargestellt werden.

Dieses Modell ist in zwei aufeinander bezogenen Strängen so angelegt, daß eine ständige Rückkopplung des methodischen Weges auf die Bedingungsanalyse erfolgt, die als „eine empirisch-analytische Analyse der konkreten Gegebenheiten, unter denen Erziehung erfolgt", verstanden wird. Nach *Blankertz* enthält sie vier Gruppierungen von Bedingungsfaktoren:

a) objektivierbare Veränderungen der Lebenssituationen,
b) entgegenstehende Faktoren im Bereich der vorgegebenen Institutionen,
c) politisch-gesellschaftliche Postulate,
d) soziokulturell-anthropogene Voraussetzungen der Jugend.

Den Politologen dürfte, nicht ausschließlich aber im besonderen, Punkt c) interessieren, der die Forderungen der gesellschaftlichen Gruppen, ihre Zielvorstellungen und Einflußnahmen, und die Positionen der politischen Didaktik widerspiegelt.

Das Verfahren setzt an beim Selbstverständnis der Bundesrepublik Deutschland, d. h. die Gesellschaft soll durch die relevanten Wissenschaften – darunter auch die Politische Wissenschaft – auf ihren Zustand und die vorherrschende Meinung dazu befragt werden. Die beteiligten Wissenschaften sollen dazu auch Auswahlkriterien bereitstellen, welche Elemente des Selbstverständnisses relevant sind. Aus den Kriterien: zentrale Themen der Wissenschaften, zentrale Faktoren des politischen, gesellschaftlichen und wirtschaftlichen Systems, Relevanz speziell für Jugendliche, wird auf zugestandenermaßen pragmatischem Wege, der der ständigen Revision bedarf, ein Katalog von Inhaltsbereichen gewonnen. Diese inhaltlichen Elemente werden nunmehr der Analyse des Strukturgitters unterworfen.

Dieses didaktische Strukturgitter, von *Thoma*, einem Mitarbeiter von *Blankertz*, entworfen, stellt einen Kriterienkomplex dar, mit dem gesellschaftliche Sachverhalte problematisiert werden sollen. Es ist ein Beziehungsgefüge von drei Medien der Vergesellschaftung – Arbeit, Sprache, Herrschaft – von *Habermas*[24] entlehnt, die auf drei Definitionsebenen wertfrei/zweckrational, ideologisch, kritisch bezogen werden. Zusätzliche Differenzierungskategorien – Problematisierung, Intention, Selektion – sind eine Anleihe aus der Systemtheorie (*Luhmann*).[25]

Die Leistung des Strukturgitters wird darin gesehen, daß die gegriffenen Elemente des gesellschaftlichen Selbstverständnisses damit problematisiert werden, indem alternative Interpretationsmöglichkeiten aufgezeigt werden und das Ausgangsmaterial einheitlich differenziert wird. Die ausdifferenzierten und didaktisch problematisierten Inhalte werden wieder zur Befragung an die Wissenschaften zurückgegeben. Das Strukturgitter bietet keine unmittelbare Ableitungsmöglichkeit für die Gewinnung der erforderlichen Lebenssituationen und Qualifikationen.

Vielmehr müssen die ausdifferenzierten Inhalte in Lebenssituationen umgesetzt werden. Dies geschieht mit Hilfe eines Modells, das *Mayntz-Holm-Hübner*[26] zur Beobachtung sozialer Situationen aufgestellt haben. Aus seinen fünf Aspekten, 1. Verhalten im situativen Kontext des soziokulturellen Systems; 2. in der gegebenen Situation auftretende Faktoren; 3. Rollenhandeln; 4. subjektive Deutung der Situation; 5. objektive Folgen, werden Leitfragen entwickelt, mit deren Hilfe die Bedeutung eines Inhaltsbereichs für das betroffene Subjekt evident gemacht werden soll. Mit der Ermittlung der Situationen aus den gesellschaftlichen Inhalten kann auch die Bestimmung der Verhaltensdispositionen vorgenommen werden. Hier taucht erneut das Entscheidungsproblem auf: Welche ist angesichts der Komplexität von Verhaltensdispositionen die der jeweiligen Situation angemessene? Dies ist nicht aus der Situation abzuleiten, sondern bedarf der Entscheidung. Das Entscheidungsproblem wird in diesem Zusammenhang auf eine pädagogische Leitidee, Emanzipation – als Erziehung zur Mündigkeit zurückgeführt, der auch das Strukturgitter entspricht. Die angestrebte Verhaltensdisposition ist also die, die autonomes Verhalten begründet, d. h. sowohl Anpassung an soziale Gegebenheiten und Normen als auch kritische Distanz zu ihnen in freigewählter Entscheidung.[27]

Die Vielzahl der sich hieran anschließenden methodischen Fragen kann hier nur ausschnittweise angesprochen werden. Dies gilt vor allem für die weitere Ausdifferenzierung der Qualifikationen zu Lernzielen, die auf verschiedenen Ebenen mit abnehmender Komplexität als Teilqualifikationen zunehmend konkreter formuliert und schließlich auch operationalisiert, d. h. in einem präzis intersubjektiv beobachtbaren Verhalten evident gemacht und in ihrem Erfolg kontrolliert werden können. Die Evaluations- und Revisionsproblematik kann hier nicht weiter verfolgt werden. Es muß jedoch noch die Frage nach Ordnungsprinzipien angesichts der sich ergebenden Materialfülle gestellt werden. Sie werden durch Bestimmung von Handlungsintentionen, das sind gesellschaftlich-politische Funktionszusammenhänge zur rationalen Handlungsorientierung, und Situationsfeldern, komplexen gesellschaftlichen Lebenssituationen gewonnen. Solche Handlungsintentionen sind: Interaktion, Kommunikation, Vorsorge, Konsum, Produktion, Mitbestimmung, Organisation. Situationsfelder sind: Schule, Familie, Freizeit, Beruf, Öffentlichkeit, internationale Beziehungen.[28] In einer Matrix werden Handlungsintention und Situationsfeld miteinander verschränkt und ergeben so mögliche Lerninhalte. Erwähnt werden muß auch noch, daß die Verbindung von Inhalten zu Lernsequenzen einer Sachanalyse und damit fachlicher Interpretation unterworfen werden muß.

Schließlich sei noch darauf hingewiesen, daß auf Aufgliederung in Teilleistungen kognitiver, affektiver und psychomotorischer Art entsprechend der Lernzieltaxonomie[29] verzichtet worden ist.

Diese kurzen Darlegungen mögen genügen, um die Problematik erkennen zu lassen, die sich aus einem derartigen curricularen Verfahren ergibt und die zu Fragen an die Fachwissenschaft veranlaßt. Von da aus wird auch auf die drei Ausgangsfragen hinsichtlich Situationsanalyse, Qualifikationsermittlung sowie Inhaltsauswahl und methodische Strukturierung zurückgegriffen werden können.

## V.

Das Richtlinienkonzept will ein leistungsfähiges, durchschaubares und legitimiertes, rational begründetes Verfahren zur Entwicklung eines Curriculum „Politik" und zwar vollständig von der Begründung bis zur Revisionsmöglichkeit bieten. Das ist formal, abgesehen von der noch offenen Operationalisierungs- und Evaluationsproblematik, auch gelungen. Der Ableitungszusammenhang bedarf jedoch auf seinen einzelnen Stufen der kritischen Kommentierung.

Zu begrüßen ist, daß die fachwissenschaftliche Grundlegung fachübergreifend auf das Ensemble der Sozialwissenschaften verweist. Ein Rekurs allein auf die Politikwissenschaft müßte diese überfordern. Die Ortsbestimmung des Politischen Unterrichts geht folgerichtig auch von der Einheit des politischen, gesellschaftlichen und wirtschaftlichen Lebens in ihren Wechselwirkungen aus.

Leider ist diese Konsequenz aber nicht durchgehalten worden. Weder der gelegentliche Rückgriff auf die Bedingungsanalyse, noch die Aussagen über das Selbstverständnis der Bundesrepublik Deutschland, das am Beispiel des politischen Systems verdeutlicht werden soll, und schon gar nicht das Strukturgitter lassen erkennen, welche Konzeption von Gesellschaft und Politik eigentlich zugrundeliegt.

Intersubjektive Transmissibilität ist keine besondere Novität, sondern selbstverständliches Prinzip, das jeder wissenschaftlichen Abhandlung zugrundeliegt, die Anspruch auf wissenschaftlich reputierliche Beachtung und Diskussion erhebt. Der Nachvollzug des hier praktizierten Verfahrens wird jedoch erheblich erschwert, wenn nicht unmöglich gemacht, weniger durch die Kompliziertheit, die Sprünge und Rückkoppelungen, als durch die trotz aller Beteuerungen, der „Beliebigkeit" entgegenzuwirken, immer wieder unter Hinweis auf pragmatische Notwendigkeit gegriffenen inhaltlichen Elemente und Kategorien. Es wird jedenfalls nicht überzeugend deutlich gemacht, daß die Willkür von Experten ausgeschaltet und durch Methodisierung stärkere Objektivität in das Verfahren gekommen ist. So hat man immer wieder den Eindruck, daß die Qualifikationen „in der Luft hängen".[30]

Es ist offensichtlich für ein curriculares Verfahren für den Bereich Politik unerläßlich, klarzustellen, daß Aufgaben und Ziele des Politischen Unterrichts in der politischen Ebene entschieden werden und dieser Entscheidung nicht durch Rückgriff auf eine noch so überzeugend formulierte und weithin Zustimmung findende pädagogische Verantwortlichkeit – Erziehung zu Mündigkeit – ausgewichen werden kann. Die Intention des Richtlinienkonzeptes ist zu begrüßen, aber sie ist nicht durchzuführen. Es mag möglich sein, innerhalb der Kommission Zustimmung zu einem anscheinend objektivierten Verfahren zu erlangen, spätestens bei der Diskussion in den politischen Entscheidungsgremien, der interessierten Öffentlichkeit und der fachwissenschaftlichen Kreise muß diese Illusion zerbrechen und die Grenzen der Realisierungschancen erkennbar machen. Hätte man im Ausgang auf die Totalität der gesellschaftlichen Wirklichkeit verwiesen, wie sie sich den Sozialwissenschaften einschließlich der Politikwissenschaft aufgrund genetischer und system-analytischer Verfahren in der Verschränkung ihrer Hauptfunktionen, der Produktion und Reproduktion, Distribution und Herrschaftssicherung[31], sowie der Kommunikation darstellt, hätte sich wahrscheinlich ein tragfähigeres Fundament auch für die Ableitung und gesellschaftliche Zuordnung der Qualifikationen ergeben.

Es mag frustrierend sein, aber die Einsicht ist wohl unvermeidbar, daß bei dem gegenwärtigen Entwicklungsstand unseres gesellschaftlich-politischen Lebens keine andere als die konsensuelle Lösung bei den jeweils anstehenden Entscheidungsproblemen realisierbar ist. Das gilt sowohl für die politische Ebene, auf der die Repräsentanten der politischen und gesellschaftlich-ökonomischen Interessen das Feld abstecken, das die Realität der freiheitlichen demokratischen Grundordnung ausmacht, was keineswegs eine Festschreibung auf den status quo einer spätkapitalistischen Wirtschaftsordnung und überkommener Herrschaftsstrukturen bedeutet. Das gilt ebenso für die fachwissenschaftliche Ebene der Experten, in deren Konzeptionen sich die gesellschaftliche Wirklichkeit niederschlägt im Spannungsverhältnis zwischen Technokratie und Realutopie, wie in der Anwendung empirisch-analytischer Verfahren und ideologiekritischer Hinterfragung, wie es auch der geistige Vater der Richtlinien, *Blankertz*, treffend gekennzeichnet hat.[32]

Es wäre im einzelnen auch noch manches akzeptable Detail zu erwähnen, etwa der Verzicht auf taxonomische Klassifikationen. Tatsächlich ist die Aufgliederung in Teilqualifikationen nach getrennten Lernbereichen kaum praktikabel. Dies läßt sich etwa am Beispiel der Qualifikation, eine Diskussion zu leiten, verdeutlichen, die den "skills", den technischen Fähigkeiten zugerechnet wird, obwohl sie sicherlich ein gehöriges Maß an kognitiver und affektiver Qualifikation verlangt.[33]

## VI.

Zuletzt sei noch ein Beispiel für fragwürdige Formulierungen herausgegriffen, das sich anhand einer der 10 Qualifikationen der Richtlinien demonstrieren läßt. Es handelt sich dabei um die Qualifikation 6, sie lautet: „Fähigkeit, die gesellschaftliche Funktion von Konflikten zu erkennen und die Bereitschaft, sich durch Wahl geeigneter Konzeptionen an der Austragung von Konflikten zu beteiligen".[34]

In der Diskussion um die Politische Bildung nimmt die Kategorie des Konflikts eine zentrale Position ein. In der Auseinandersetzung mit der nach 1945 entwickelten Partnerschaftserziehung, der eine Tendenz zu entpolitisierender „Harmonisierung" gesellschaftlicher Zusammenhänge angelastet wurde, entwickelte sich die Gegenposition eines pluralistischen Konfliktmodells, die in ihrer formalistischen und verabsolutierenden Konzeption selbst als ideologieverdächtig Gegenstand der Kritik geworden ist.[35]

Auf dieser Position scheinen indes auch die Richtlinienautoren zu verharren. Es hat inzwischen zwar in der Qualifikationsbeschreibung eine Korrektur gegenüber dem ursprünglichen Entwurf gegeben, der sich auf die Wiedergabe der Kontroverse in den Sozialwissenschaften über das Phänomen des Konflikts beschränkte. In dieser Darstellung erschien diese Kontroverse als Auseinandersetzung um die Definition zweier unterschiedlicher Konfliktkategorien. Danach wird der Auffassung eines zentralen Konflikts, dem Widerspruch zwischen Produktivkräften und Produktionsverhältnissen (*Marx/Habermas*), auf die alle gesellschaftlichen Konflikte zurückzuführen sind, die Auffassung gegenübergestellt, nach der Konflikte partielle Strukturprobleme darstellen (*Dahrendorf/Luhmann*). Nach dieser Darstellung der Positionen wurde vermerkt, daß Richtlinien keine wissenschaftstheoretischen

Kontroversen lösen könnten, was gewiß richtig ist, und auf die Auseinandersetzung mit einzelnen konkreten Konflikten abgehoben, für die Verhaltensleistungen, die auf rationale Konfliktregelung angelegt sind, zu entwickeln wären.[36]

In der jetzigen Fassung ist die Darstellung der wissenschaftstheoretischen Kontroverse zwar verkürzt und abstrahiert wiedergegeben, im wesentlichen aber beibehalten worden. Es werden also nur konträre Auffassungen ohne Stellungnahme referiert und dann die pragmatische Schlußfolgerung gezogen, der unterschiedlichen Bewertung von Konflikten den normativen Bezugspunkt für Konfliktregelungen gegenüberzustellen, der im Konsens über die Grundrechte gesehen wird. Dieser Grundkonsens umgreift den Konflikt, in dem Konsens darüber verlangt wird, daß die Austragung von Konflikten begrenzt sein, d. h. nach Regeln ablaufen muß.[37]

Es muß gefragt werden, ob mit dieser Argumentation eine hinreichende Begründung der Qualifikation gegeben werden kann. Zudem ist die Charakterisierung der kontroversen Positionen fragwürdig. Offenbar ist man hier der Interpretation *Lingelbach*s mit seiner Definition „struktureller Konflikte"[38] gefolgt. Es wäre aber durchaus auch eine andere Interpretation denkbar. Läßt sich bei *Marx* die Ursache sozialer Konflikte als Klassenkonflikt auf die ökonomische Struktur der Gesellschaft in jeweiligen historischen Situationen auf konkrete Gegebenheiten zurückführen, erscheint bei *Dahrendorf* der soziale Konflikt an einen abstrakten Herrschaftsbegriff gebunden. Damit entfällt die Möglichkeit, seine Ursachen in empirisch faßbaren, historisch spezifizierten gesellschaftlichen Bedingungen zu suchen. Sozialer Konflikt ist somit prinzipiell unlösbar. Während eine auf *Marx* fußende kritische Position den sozialen Konflikt als Form gesellschaftlichen Prozesses auf konkrete Ursachen, die Widersprüche in einer jeweils historisch bedingten Gesellschaftsstruktur zurückführt und damit auch die prinzipielle Möglichkeit seiner Aufhebung zumindest als fruchtbaren Denkanstoß für zukunftsweisende Lösungen gesellschaftlicher Probleme gestattet, erweist sich die Konzeption *Dahrendorf*s in der Verabsolutierung des Konflikts als eines quasi naturgegebenen sozialen Urphänomens als unfähig, einen Beitrag für die großen Menschheitsaufgaben, die auf der Voraussetzung des Weltfriedens basieren, zu leisten.[39] In diesem Beharren auf einer übersteigerten Konfliktposition liegt auch eine Inkonsequenz. Wären die Verfasser den Intentionen der kritischen Theorie, der sie sich an vielen Stellen verpflichtet zeigen, auch hier gefolgt, so könnte eine qualifikationsbegründende Einsicht etwa so formuliert werden: Sozialer Wandel wird durch soziale Konflikte mit bewirkt, deren Ursachen in realen gesellschaftlichen Tatbeständen liegen. Aus der jeweiligen gesellschaftlichen Situation heraus sind konkrete Möglichkeiten für Konfliktlösungen zu entwickeln, die soziale Veränderung in Richtung auf die Perspektive einer wohlintegrierten Gesellschaft bezwecken.[40] Von daher ließe sich die zentrale Bedeutung des Konflikts für die gesellschaftliche Entwicklung begründen, zugleich aber auch seine Relativierung in der Denkmöglichkeit seiner prinzipiellen Aufhebung. Dies wäre ein Impuls für eine Verhaltensdisposition im Sinne einer konkreten Utopie.

## VII.

Nach diesen kritischen Einwänden muß noch einmal die Frage konkret nach der „fachwissenschaftlichen Grundlegung" gestellt werden. Das Curriculum „Politik" ist nach Aussagen *Schörken*s von Lehrern mit „vielfältiger fachwissenschaftlicher Unterstützung" ausgearbeitet worden. Diese Unterstützung manifestiert sich unmittelbar in der Aufnahme der Bedingungsanalyse *Blankertz* und im Strukturgitter *Thoma*s. Alle übrigen Elemente stammen offensichtlich aus Literaturrezeption. Vornehmlich das Selbstverständnis der Bundesrepublik ist durch Sekundäranalyse anhand von Fachliteratur vermittelt.[41]

Aus diesem eklektischen Charakter erklären sich wohl manche Schwächen und Unzulänglichkeiten des im ganzen sehr anerkennenswerten Curriculum-Konzepts. Die Beliebigkeit, die man in der Diskussion der Experten befürchtet und eliminiert hat, scheint durch die Beliebigkeit der Literaturauswahl kompensiert.

Als Fazit bleibt, bei allem Respekt vor der wissenschaftlichen Leistung der das Curriculum tragenden Personen sollte auf die Kapazität der Fachwissenschaften, wie sie sich vornehmlich an den Hochschulen darstellt, nicht verzichtet werden.

Hier sei an die Forderungen von *Grauhan* und *Narr* angeknüpft: „Ein politikwissenschaftliches Curriculum muß die Politikwissenschaft repräsentieren, also nicht die Politikwissenschaftler und ihre Positionen, sondern Kernelemente des Fachs".[42] Dies gilt sinngemäß auch für ein Curriculum „Politik" in der Schule. Eine solche Forderung hinsichtlich der Repräsentanz „der Politikwissenschaft" hat sicher ihre Schwierigkeiten. Niemand hat ein Monopol darauf. Gewiß aber ist sie durch unmittelbaren persönlichen Kontakt im Fachgespräch aller Kompetenten eher zu erreichen, als in der Vermittlung ausgewählter Sekundärliteratur.

## VIII.

Bleibt der Einwand, die sozialwissenschaftlichen Fächer, und im besonderen die Politikwissenschaft, seien gänzlich unvorbereitet für eine aktive Beteiligung an der Curriculum-Entwicklung, die Frage nach der Qualität des Faches, seinen Kernelementen und Methoden würde heterogene oder gar konventionalistische Antworten ergeben.[43] Gewiß muß auch die Situation der Politikwissenschaft, einer Wissenschaft, die auf der Suche nach ihrer Identität ist, deren innere Heterogenität die Klärung ihres Selbstverständnisses hemmt, der in der Öffentlichkeit nur bedingt Kompetenz für politische Fragen zugebilligt wird, berücksichtigt werden. In ihrer schwierigen Lage wird die Politikwissenschaft unter dem Aspekt ihres Wirkzusammenhangs vorerst nur bedingt fähig sein, sich an einer so diffizilen Vermittlungsaufgabe wie der der Curriculum-Entwicklung zu beteiligen.[44] Diese kann mit unterschiedlicher Intention und Intensität je nach den erkenntnisleitenden Interessen der jeweiligen Theorienansätze angegangen werden. So vermag die dialektisch-historische Theorie einen gewichtigen Beitrag zur Formulierung des emanzipatorischen Anspruchs aus einer kritischen Interpretation gesellschaftlicher Entwicklungstendenzen zu leisten. Die empirisch-analytische Theorie kann vermittels nomologischer Hypothesen die Voraussetzungen politischen Verhaltens klären helfen und durch dimensionale Problemanalysen die für die Formulierung von Lernzielen erforderlichen Situationsanalysen vornehmen.

Nicht zuletzt werden daraus Impulse entstehen, mit denen die Fachwissenschaften über sich selbst zum Lernen gebracht werden und somit ihren Konventionalismus und ihre engen Fachschranken überwinden können.[45]

Als vorläufige Forderung seien abschließend noch einmal die Aufgaben der Politikwissenschaft in den 3 Bereichen curricularer Entwicklung präzisiert:

1. „Situationsanalyse" als genetische und Systemanalyse, um die realen Lebenssituationen der Schüler in einen gesamtgesellschaftlichen Entwicklungszusammenhang zu stellen.
2. „Qualifikationsermittlung" im Aufzeigen denkbarer alternativer Verhaltensdispositionen und der ideologiekritischen Hinterfragung der ihnen zugrundeliegenden Sachverhalte und Normen als angewandte Herrschaftsanalyse (*Roloff*).[46]
3. „Auswahl und Strukturierung von Lerninhalten" im Rekurs auf Kernelemente der Fachdisziplin als originäre Aufgabe in der Verschränkung politischer und pädagogischer Bedeutsamkeit jedes Themas.

Gerade an der Curriculum-Entwicklung muß es sich erweisen, daß die Vermittlungsproblematik der Politikwissenschaft primär ihre Grundlagen betrifft und sich nicht erst sekundär in einer angehängten Politischen Didaktik manifestiert.

*Anmerkungen*

1 Ernst-August Roloff, Erziehung zur Politik. Eine Einführung in die politische Didaktik, Bd. 1. Sozialwissenschaftliche Grundlagen, Göttingen $^{2}$1972, S. 14.

2 S. „Bildungsbericht 70" der Bundesregierung; Zwischenbericht der Bund-Länder-Kommission für Bildungsplanung; 1971; Strukturplan für das Bildungswesen, Empfehlungen der Bildungskommission des Deutschen Bildungsrates 1970; ferner: Neue Hessische Lehrpläne (Rahmenrichtlinien) 1972.

3 Saul B. Robinsohn, Bildungsreform als Revision des Curriculums, Neuwied/Berlin $^{2}$1970.

4 Vgl. Walter Gagel, Sicherung vor Anpassungsdidaktik? Curriculare Alternativen des politischen Unterrichts: Robinsohn oder Blankertz, in: Rolf Schörken (Hrsg.), Curriculum „Politik". Von der Curriculumtheorie zur Unterrichtspraxis, Opladen 1974, S. 16 ff.; ferner: Siegfried George, Einführung in die Curriculumplanung des politischen Unterrichts, Ratingen 1972.

5 Vgl. Gagel, a. a. O., S. 28 ff., sowie Herwig Blankertz, Curriculumforschung – Strategien, Strukturierung, Konstruktion, Essen $^{2}$1971, S. 10 ff.

6 Als Beispiel sei hier verwiesen auf: Richtlinien für den Politischen Unterricht (Hrsg.: Der Kultusminister des Landes Nordrhein-Westfalen), Düsseldorf 1973, sowie der darauf bezogene „Theorieband", s. Schörken, a. a. O.

7 Vgl. George, Ein soziologischer Beitrag zur Neufassung der Curricula für die politische Bildung, in: Soziale Welt, Nr. 21/22, 1970/71, S. 91.

8 Vgl. Rolf Richard Grauhan/Wolf-Dieter Narr, Studium der Sozialwissenschaft – demonstriert an der Politikwissenschaft, in: Leviathan, Heft 1, Jhg. 1, 1973, S. 94 f.

9 Ernst-August Roloff, Erziehung zur Politik. Eine Einführung in die politische Didaktik, Bd. 1, Sozialwissenschaftliche Grundlagen, Göttingen $^{2}$1972, S. 28.

10 Vgl. Roloff, a. a. O., sowie Theodor Adorno, Vortrag über den „Begriff der politischen Bildung" im 2. Programm des Hessischen Rundfunks am 27. 6. 1963.

11 Vgl. Heinrich Busshoff, Politikwissenschaft und Pädagogik, Studien über den Zusammenhang von Politik und Pädagogik, München 1968; Gerd Stein, Plädoyer für eine Politische Pädagogik, Ratingen 1973, sowie die Beiträge in diesem Band.

12 Roloff, a. a. O., S. 11 ff.

13 S. Programm der DVPW zum Wissenschaftlichen Kongreß 1973 in Hamburg.

14 S. Grauhan/Narr, a. a. O., S. 91 ff.

15 Ebenda, S. 120 f.
16 In: Niklas Luhmann, Soziologische Aufklärung, Aufsätze zur Theorie sozialer Systeme, Bd. 1, Opladen $^{3}$1972, S. 232 ff.
17 Thesenpapier zum Hamburger Kongreß (vgl. Anm. 13); vgl. Hans-Joachim Winklers Beitrag in diesem Band.
18 Ebenda.
19 Schörken, a. a. O., Titelseite.
20 Ebenda, S. 6.
21 Vgl. die Protokolle der Plenarsitzungen des Landtags NW vom 5. 4. 1973, 23./24. 1. 1974, 29. 5. 1974. Zur Gegenposition vgl. Wolfgang Brüggemann (Hrsg.), Bildung oder Indoktrination, Richtlinien für den Politischen Unterricht in Nordrhein-Westfalen, Recklinghausen 1974.
22 Jürgen Zimmer, Curriculumforschung: Chance zur Demokratisierung der Lehrpläne, in: Frank Achtenhagen/Hilbert L. Meyer (Hrsg.): Curriculumrevision – Möglichkeiten und Grenzen, München 1971. Dazu kritisch Gagel, a. a. O., S. 25 f.
23 Blankertz, a. a. O., Gagel, a. a. O., S. 28 ff. Im folgenden vgl. Gagel, a. a. O., sowie Anneliese Grundmann-Roch, in: Schörken, a. a. O., S. 37 ff.
24 Gösta Thoma, Zur Entwicklung und Funktion eines „Didaktischen Strukturgitters" für den politischen Unterricht; in: Blankertz, a. a. O., S. 67 ff.; sowie Rolf Schörken, Der theoretische Hintergrund des Strukturgitters, in: Schörken, a. a. O., S. 135 ff.; sowie Jürgen Habermas, Erkenntnis und Interesse, in: Technik und Wissenschaft als „Ideologie", Frankfurt $^{6}$1973, S. 162 ff.
25 Dieter Menne, Die Instrumentalisierung des Strukturgitters, in: Schörken, a. a. O., S. 154 f.; Niklas Luhmann, Sinn als Grundbegriff der Soziologie, in: Habermas/Luhmann, Theorie der Gesellschaft oder Sozialtechnologie, Frankfurt 1971, S. 33 f., 85.
26 Grundmann-Roch, a. a. O., S. 44 f.; R. Mayntz/K. Holm/P. Hübner, Einführung in die Methoden der empirischen Soziologie, Opladen 1969.
27 Grundmann-Roch, a. a. O., S. 45 f.
28 So in den Richtlinien, S. 27. Die Familie wird bei Grundmann-Roch, a. a. O., S. 49, nicht aufgeführt.
29 Grundmann-Roch, a. a. O., S. 48.
30 So auch die kritischen Anmerkungen von George in einem Thesenpapier zu seinem Vortrag „Fächerübergreifende Aspekte in den RL für Politischen Unterricht" auf einer Fortbildungstagung am 20. 3. 1974 in Wuppertal.
31 Vgl. Grauhan/Narr, a. a. O., S. 103 ff.
32 Blankertz, a. a. O., S. 9 f.
33 Vgl. George, a. a. O. (Anm. 4), S. 24, 59 f.
34 Richtlinien, S. 17.
35 Vgl. den Beitrag von Hagen Weiler, Zur Theorie und Praxis politischen Unterrichts, in diesem Band; ferner dazu Gerhard Wuthe, Harmonie und Konflikt, Zur Struktur und Funktion sozialer Leitbilder, Saarbrücken 1972, S. 37 ff.
36 Richtlinien für den politischen Unterricht. Entwurf, April 1972, S. 24 f.
37 Richtlinien, S. 17. Die prononcierte Stellungnahme der Curriculum-Verfasser für das Konflikt-Modell wird auch darin deutlich, daß nur an dieser Stelle im gesamten Qualifikationenkatalog der Begriff des Konsens auftaucht und zwar nur als Funktion des Konflikts, als Garantie für geregelten Konflikt. Ein weiterer Beleg für diese Position ist folgender: Bei der Darstellung des Selbstverständnisses der Bundesrepublik haben die Verfas-

ser die Gliederung der Schrift von Waldemar Besson/Gotthard Jasper, Das Leitbild der modernen Demokratie, München [2]1966, das ihnen typisch für ein apologetisches Selbstverständnis erscheint, vgl. Schörken, a. a. O., S. 107 ff., in den ersten 9 Kapiteln wortwörtlich übernommen; nur das letzte Kapitel „Wertgebundenheit und Abwehrbereitschaft: Von der Notwendigkeit gemeinsamer Überzeugungen", das also auf Konsensbildung aus ist, ist kommentarlos entfallen.

38 K.-Ch. Lingelbach, Zum Verhältnis der „allgemeinen" bzw. „besonderen" Didaktik. Dargestellt am Beispiel der politischen Bildung. In: Erziehungswissenschaft, Fischer-Funkkolleg, Bd. 9, 1970, S. 115 ff.

39 Zur Kritik an Dahrendorf vgl. Karlheinz Messelken, Politikbegriffe der modernen Soziologie. Eine Kritik der Systemtheorie und Konflikttheorie, Köln/Opladen 1968; Wuthe, a. a. O.

40 Vgl. George, a. a. O. (Anm. 7), S. 97 f.

41 Schörken, a. a. O., S. 106.

42 Grauhan/Narr, a. a. O., S. 100.

43 A. a. O., S. 92.

44 Vgl. Frieder Naschold, Politische Wissenschaft, Entstehung, Begründung und gesellschaftliche Einwirkung, Freiburg/München 1970, S. 60 ff.

45 Vgl. Grauhan/Narr, a. a. O., S. 92 f.

46 Roloff, a. a. O., S. 27.

*Wolfgang Behr*

# Dimensionen in Politikwissenschaft und politischer Pädagogik

Von den Aufgabenstellungen politischer Pädagogik her ergeben sich vielfältige Probleme der Vermittlung politikwissenschaftlicher Inhalte. Aufgabenstellungen politischer Pädagogik und Vermittlungsmöglichkeiten von Inhalten der Politikwissenschaft sind hierbei nicht voneinander zu trennen. Von den wichtigsten Bereichen der Ermittlung und Vermittlung seien ohne Anspruch einer Prioritätenskala oder Systematik genannt:

1. Bezüge zu der Umwelt, in der sich Wissenschaft, Erziehung und Bildung vollziehen;
2. Gesellschaftlich-politische Motivationen und Interessen;
3. Gesellschaftlich-politisches Lernen;
4. Gesellschaftlich-politisches Verhalten und Handeln;
5. Forschungs- und Lernziele;
6. Politische Realität als Zustand und Prozeß;
7. Alternativen zur politischen Realität und deren Entwicklungs- und Veränderungsmöglichkeiten;
8. Umsetzung von relevanten fachwissenschaftlichen Ergebnissen für die Bedürfnisse der politischen Pädagogik;
9. Strukturierung der Inhalte (dimensional, kategorial u. a.; Curricula);
10. Didaktik der Politikwissenschaft und der politischen Bildung (Erarbeitung konkreter Beispiele und deren Erprobung in Theorie und Praxis).

Von der Thematik dieses Beitrags her steht die Strukturierung politikwissenschaftlicher Inhalte in der politischen Pädagogik im Vordergrund. Dieses Anliegen ist jedoch in der folgenden Behandlung einerseits – soweit es für die Stringenz der Zusammenhänge und ihres hier nicht im einzelnen zu explizierenden theoretischen Bezugsrahmens nötig erscheint – in der Perspektive der genannten Ermittlungs- und Vermittlungsbereiche zu erweitern. Andererseits würde es den Rahmen dieser Arbeit sprengen, eine der Komplexität des Gegenstandes entsprechende umfassende Strukturierung darstellen und im einzelnen begründen zu wollen. Auf Bezüge zur Umwelt, gesellschaftlich-politische Motivationen und Interessen, Lern-, Verhaltens- und Handlungstheorien in ihrer Relevanz für Politikwissenschaft und politische Pädagogik kann im weiteren nicht eingegangen werden. Ebensowenig kann es darum gehen, eine Didaktik des Politischen in Theorie und Praxis darzulegen.[1]

Vom Thema her geht es im folgenden darum, zunächst Forschungsziele der Politikwissenschaft und Lernziele der politischen Pädagogik aufzuzeigen (I). Daran anschließend erfolgt die thesenartige Darstellung unterschiedlicher theoretischer und methodischer Ansätze in der Politikwissenschaft und deren Zusammenfassung in acht Dimensionen als Problembereichen der Strukturierung politikwissenschaftlicher Inhalte (II). Zwei dieser Dimensionen, die als grundlegend zu belegen sind, werden ausgewählt, auf den Bereich der politischen Pädagogik übertragen und in ihrer möglichen differenzierenden Leistungsfähigkeit als dimensionale Strukturierungsinstrumente für Inhalte der politischen Pädagogik dargestellt (III). Abschließend wird versucht, ausgehend von den gewonnenen, politikwissenschaftlich-theoretisch bezogenen Strukturdimensionen Umrisse eines theoretisch-praktischen politischen Lernprozesses in drei Stufen abzuleiten (IV). Dies alles versteht sich als weiter zu differenzierender, elementarisierender und konkretisierender Ansatz und Entwurf zur Gewinnung komplexitätsadäquater und variabler Strukturen für Ziele und Inhalte politischer Pädagogik. Die Einbeziehung und Vermittlung politikwissenschaftlicher Theorieansätze und Analysetechniken sind hierbei auch in der weiteren Diskussion unverzichtbar.

## I.

Es kann als ein wesentliches Kennzeichen hochentwickelter Industriesysteme angesehen werden, daß diese sich in einem Prozeß zunehmender Vergesellschaftung politischer und ökonomischer Kommunikations- und Entscheidungsvorgänge befinden.[2] Unter „Vergesellschaftung" kann hierbei der Prozeß verstanden werden, „in dem bisher voneinander unabhängige Personen durch Leistungen miteinander verbunden werden (extensive Vergesellschaftung) oder in dem bestehende soziale Leistungen durch Differenzierung bzw. Bildung von Subsystemen gesteigert werden (intensive Vergesellschaftung)."[3] Extensive und intensive Vergesellschaftung sind in dem gegenwärtigen Entwicklungsstadium komplexer Gesellschaftsformationen nicht voneinander zu trennen, da die Tendenz zu Spezialisierung, Differenzierung und Bildung von Subsystemen (intensive Vergesellschaftung) mit notwendigen gesamtgesellschaftlichen Rückkopplungen und Interdependenzen (extensive Vergesellschaftung) parallel verläuft. Eine ausschließliche Ausdifferenzierung autonomer Subsysteme mit einem Trend zu gesamtgesellschaftlicher Entropie findet somit nicht statt. Vielmehr zeigen sich widersprüchliche Tendenzen zu politisch und ökonomisch manifest intendierter, allerdings auch begrenzter und jederzeit kontrollierbarer Partizipation einerseits und gesellschaftlichen Partizipationskonzepten andererseits, die auf die Realisierung einer weiterreichenden Autonomie von Subsystemen und deren Elementen drängen.[4]

Wichtig ist in diesem Zusammenhang die Unterscheidung zwischen tatsächlicher Partizipation und Partizipations-Potential. Tatsächliche Partizipation schließt soziale Konflikte notwendigerweise ein, während Partizipations-Potential gerade umgekehrt dazu genutzt werden kann, Strategien der Konfliktvermeidung oder -verminderung zu praktizieren, „um die Transformation von Partizipations-Potential in Partizipation zu verhindern".[5] An dieser Stelle setzen Funktion und Interesse der politischen Bildung ein. Sie wird sich in ihrer Aufgabenstellung und -erfüllung ganz entscheidend daran messen lassen müssen, inwieweit sie Beiträge zur Schaffung und Ausweitung von tatsächlicher Partizipation zu erbringen vermag oder es (bestenfalls) bei der Rezeption von Partizipations-Potentialen mehr oder weniger unkritisch beläßt. Dabei muß eingeräumt werden, daß eine strikte Trennung zwischen Partizipations-Potential und tatsächlicher Partizipation vor allem in Bezug auf die Erhellung von Möglichkeiten tatsächlicher Partizipation unrealistisch ist, da Partizipation unter den Bedingungen komplexer Systeme nicht im Sinne einer radikal-demokratischen Variante traditioneller Demokratietheorie als ausschließlicher Zweck im Rahmen eines einfachen Zielmodells interpretiert werden kann. Zu kurz greifen andererseits allerdings Ansätze empirischer Demokratietheorie, die funktional an bestehenden politisch-gesellschaftlichen Rahmenbedingungen orientiert sind und diese im Sinne eines Systemüberlebensmodells analysieren.[6]

Für Politikwissenschaft wie politische Bildung stellt sich somit unausweichlich die Frage nach ihren Erkenntnisinteressen und Begriffen des Politischen. Allgemein läßt sich sagen, daß Politik mit Entscheidungen (auch Entscheidungsverhinderungen) zu tun hat, die sich mit gesellschaftlicher Relevanz in Gesamtsystemen, Teilsystemen oder Subsystemen in einem Spannungsfeld zwischen Zwängen (constraints) und Autonomie niederschlagen.[7] Zwänge bestimmen dabei insofern Politik und politische Entscheidungen, als – insbesondere in höher entwickelten Gesellschaften – die an zentralen Stellen mit gesamtgesellschaftlicher Verbindlichkeit Macht und Herrschaft Ausübenden die Befriedigung spezifischer Bedürfnisse in

Gesamt-, Teil- und Subsystemen in Rechnung zu stellen haben.[8] Umgekehrt vermag politisch wirksame Herrschaft maßgebliche Funktionsbereiche innerhalb eines Systems oder zwischen Systemen ideologisch zu verklären und gesellschaftlich zu tabuisieren, somit – etwa durch weitgehende Interessenidentifikation mit den Entscheidungsträgern des ökonomischen Systems – einen Zwangsmechanismus zu stabilisieren, der es erlaubt, legitime gesellschaftliche Bedürfnisse nach dem Grad ihrer Wirksamkeit zugunsten eines spezifischen Funktionsbereichs voll, abgestuft oder überhaupt nicht zu berücksichtigen.[9]

Um bei der Bestimmung eines politikwissenschaftlich wie politisch-pädagogisch brauchbaren Begriffs des Politischen nicht in überwiegend instrumentalistischen Definitionen stecken zu bleiben, ist es notwendig, die für das Politische relevanten Normen in einer – wenn auch nicht zeitlich und räumlich unveränderbaren – rational überprüfbaren Prioritätenfolge offenzulegen. Erst dadurch lassen sich die zur wissenschaftstheoretischen wie didaktischen Strukturierung wesentlichen Dimensionen, Kategorien und Variablen gewinnen und begründen; andernfalls bleiben diese bezugslos und beliebig. „Damit erweist sich jede theoretisch-systematische Aussage über Politik und ihre funktionalen Äquivalenzen, ihre Mechanismen, Bestimmungsfaktoren, Entwicklungsrichtungen und Veränderungspotentiale noch in ihrer historischen Dimensionierung als von praktischem Interesse vorgerichtet und auf begrifflich vermittelte Erkenntnisabsichten hin fokussiert."[10]

Verstehen wir in Modifikation einer von *Frieder Naschold* gebrauchten Formulierung Wissenschaft und Bildung als formal ausgegliederte, funktional spezifisch integrierte Subsysteme eines Systems (*Naschold* definiert Wissenschaft als „partiell ausgegliederte, funktional spezifische Untereinheit der Gesellschaft")[11], so ergibt sich von daher politisch-systemtheoretisch – wie ohnehin verfassungsrechtlich verbindlich und verfassungspolitisch praktiziert – die Orientierung von Wissenschaft und Bildung in der BRD an den Bestimmungen und der aktuellen politischen und rechtlichen Interpretation des Grundgesetzes. Primäre normative Ziele der Politikwissenschaft wie Lernziele der politischen Pädagogik beziehen sich auf „die Würde des Menschen" (GG Art. 1) und deren Merkmale (GG Art. 2–17).[12]

Am Beispiel der hessischen Rahmenrichtlinien für das Fach Gesellschaftslehre in der Sekundarstufe I, einer Reihe von Stellungnahmen hierzu[13] sowie einer Vielzahl von didaktischen Konzeptionen in der politischen Pädagogik[14] lassen sich klarer und offener normative politische Zielsetzungen erkennen als in einer Reihe politikwissenschaftlicher Analysen und Forschungsberichte[15]. Primär hängt dies wohl damit zusammen, daß sich eine wirksame politische Pädagogik noch weniger als politikwissenschaftliche Theorien und Analysen erlauben kann, Sinn und Ziel ihres Handelns abstrakt oder partiell verschleiernd im Ungewissen zu lassen.

Als zentrale Norm und Zielbestimmung demokratisch orientierter politischer Pädagogik finden sich allenthalben in der relevanten Literatur die Begriffe der Emanzipation, Partizipation, Selbst- und Mitbestimmung. Mit Recht betont allerdings *Hermann Giesecke*, daß es sich hierbei zunächst um eine rein formale Kennzeichnung einer auf den Begriff gebrachten Norm handelt. Er präzisiert seinen Begriff der Mitbestimmung als „planmäßige Veränderung in Richtung auf zunehmende Demokratisierung der Gesamtgesellschaft".[16] Mit der Substantialisierung des normativen Zielbegriffs politischer Pädagogik schwindet nicht nur die formal gemeinsame Wertebasis, es ergibt sich damit gleichzeitig das Problem einer rational überprüfbaren Zielbestimmung politischen Handelns, politikwissenschaftlicher Theorie und politischer Bildung. Hierbei muß festgehalten werden, daß sich auf der Grundlage einer formalen Übereinstimmung unterschiedlicher politischer, wissenschaftstheoretischer und pädagogischer Richtungen in dem Begriff der Mitbestimmung dessen inhaltliche Bestimmung weder affirmativ im Rahmen staatlicher, ökonomischer und gesellschaftlicher Macht- und Herrschaftsverhältnisse als von oben jeweils zugestandenem „Mitmachen-ohne-ändern-zu-dürfen" (Systemüberlebensmodell) erschöpfen kann[17], noch im Sinne eines einfachen Demokratie-Zielmodells[18] unter Außerachtlassung anderer wichtiger Systemdeterminanten und -variablen[19] verstanden werden darf.

Im Sinne der „Fundamental-Demokratisierung" neigt *Giesecke* stärker dem demokratischen Zielmodell als Lernzielorientierung politischer Pädagogik zu, schränkt dies jedoch durch den Hinweis ein, daß es sich hierbei um eine „prinzipielle Bestimmung" handele, die noch nichts über die „Modalitäten der Realisierung" aussage, nämlich „ob und in welchem Maße z. B. dabei repräsentative oder unmittelbar plebiszitäre Verfahren bevorzugt werden, was ‚Mitbestimmung' am Arbeitsplatz, an der Hochschule, in der Eltern-Kind-Beziehung oder in der Kirche jeweils inhaltlich heißen kann".[20]

*Giesecke*s offene Bestimmung von Mitbestimmung als Ziel und zentraler Norm politischer Pädagogik legt es nahe, von Zielen und Inhalten politischer Bildung zu fordern, daß sie sich sowohl als normativer Maßstab an realen politischen, gesellschaftlichen und ökonomischen Gegebenheiten gewinnen und anlegen lassen, als auch als Parameter möglicher objektiver und subjektiver Entwicklungstendenzen zu dienen vermögen. Dies verlangt theoretisch, daß Ziele in Politikwissenschaft wie in politischer Pädagogik im Rahmen von Systemzielmodellen[21] erklärbar, überprüfbar und nachvollziehbar sein müssen. Zielorientierungen im Systemzielmodell werden dabei – im Gegensatz zu einfachen Zielmodellen (z. B. Mitbestimmung als ausschließlich dominierende Norm in einem System) – nicht isoliert und ohne Berücksichtigung anderer wichtiger Systemfaktoren gewonnen, sondern es wird davon ausgegangen, daß die Optimierung eines oder mehrerer Systemziele (sofern vereinbar) nicht die Realisierung grundlegender und vorläufig nicht alternativ zu besetzender Systemziele gefährdet oder unmöglich macht.

So müssen etwa im Systemzielmodell Zielvorstellungen wie Partizipation und Emanzipation bei grundsätzlich positiver Bewertung darauf untersucht werden, ob bzw. ab welchem Grad ihrer Realisierung sie etwa grundsätzlich wichtige Systemziele wie die gesicherte Produktion von Nahrungsmitteln, die Bereitstellung und Durchführung von gesellschaftlich notwendigen Dienstleistungen u. a. einem erhöhten Risiko aussetzen. Partizipation und Emanzipation sind im Systemzielmodell gegen Funktionsfähigkeit und Effektivität des Systems abzuwägen und vom jeweiligen Entwicklungsstand einer Gesellschaft, ihrer Struktur, ihren Normen und Entwicklungsmöglichkeiten spezifisch zu bestimmen.

Für die Strukturierung von Inhalten politischer Pädagogik heißt dies gleichzeitig, daß sich für die Bestimmung von Dimensionen, Kategorien und Variablen einerseits sowie von inhaltlich begründeten Lernzielen andererseits ein interdependentes Verhältnis ergibt.[22] Dieses interdependente Verhältnis muß je nach Stand politikwissenschaftlicher Theorie und Analysetechnik, die nicht unabhängig sind von den allgemeinen politischen Umweltbedingungen, für die Transformation entsprechend den Bedürfnissen politischer Pädagogik bestimmt werden. Lernziele müssen hierbei ebenso von politikwissenschaftlichen System- und Strukturanalysen unterschiedlicher wissenschaftstheoretischer Observanz ableitbar sein, wie umgekehrt Lernziele bestimmend auf die Strukturierung politischer Inhalte in der politischen Pädagogik einwirken. Entscheidend bleibt hierbei die Offenheit der Zieldiskussion und -festlegung ebenso wie die Gewinnung und Anwendung von Instrumenten zur Strukturierung politischer Inhalte.

*Wolf-Dieter Narr* hebt in seiner Stellungnahme zu den hessischen Rahmenrichtlinien für das Fach Gesellschaftslehre die dort zentralen Lernziele der Selbst- und Mitbestimmung als „Errungenschaften" positiv hervor und interpretiert ihren interdependenten Bezug als

„Selbstbestimmung, die gesellschaftlich gesehen nur als Mitbestimmung erfolgen kann" und „Mitbestimmung, deren Hauptbezugsort eben die Selbstbestimmung ist"[23]. Ferner betont *Narr* mit Recht die handlungsbezogene Definition und Umsetzbarkeit der genannten Lernziele, insbesondere in bezug auf die Strukturierung politischer Lernprozesse. Die hessischen Rahmenrichtlinien für das Fach Gesellschaftslehre stellen damit – ebenso wie entsprechende Richtlinien anderer Bundesländer[24] – einen Reformentwurf für die politische Pädagogik dar, der bei einer Diskussion über Vermittlungsprobleme der Politikwissenschaft und Strukturierung politikwissenschaftlicher Inhalte in der politischen Pädagogik kritisch einbezogen und nach seinen Leistungsstärken und -schwächen befragt werden muß.

## II.

Die Versuche der begrifflichen Erfassung und der theoretischen Grundlegung der Politikwissenschaft sind ebenso wie ihre Methoden vielfältig und widersprüchlich. Gehen einige Schulrichtungen von Politikwissenschaft als einem Teil praktischer Philosophie[25] (neben Ethik und Ökonomik) im aristotelischen Sinn aus und lehnen naturwissenschaftliche Methoden, kausalschlußfolgernde Theorien und Generalisierungen ab, so verwahren sich andere Richtungen ausdrücklich dagegen und verweisen

1. auf die Ausdifferenzierung moderner Gesellschaften, die es nicht zulassen, Politikwissenschaft in traditioneller Manier als „Wissenschaft vom Leben in der Polis"[26] zu begreifen, da die Differenzierung in komplexen Gesellschaften zu Normen- und Interessenpluralität in einer Vielzahl gesellschaftlicher Subsysteme führe, die wissenschaftlich nur durch eine entsprechende "requisite variety"[27] erfaßt werden könne. Unter "requisite variety" wird hierbei verstanden, daß Begriffe, Theorien und Methoden der Politikwissenschaft eine Komplexität aufweisen müssen, die der Komplexität des untersuchten Gegenstandes gerecht wird;
2. auf die Problematik wissenschaftlichen Erkennens schlechthin, indem die Erkenntnis eines Subjekts prinzipiell nicht unabhängig ist von seiner gesellschaftlichen Umwelt und seinem je spezifischen Standort, ja dadurch sogar wesentlich vermittelt ist. Daraus resultieren offen oder versteckt, bewußt oder unbewußt erkenntnisleitende Interessen[28], die sich in der Entscheidung für einen bestimmten Theorieansatz oder die Zuordnung und Verbindung mehrerer Theorieansätze, die Wahl der Paradigmata, Kategorien, Methoden und Verfahren niederschlagen[29].

Ökonomische wie politische Entwicklungen haben im Laufe des historischen Prozesses von der griechischen Polis bis zur Industriegesellschaft und zum Sozialstaat der Gegenwart einen politikwissenschaftlichen Ansatz in seinem Erkenntniswert erheblich gemindert, für den pauschal und subjektiv wertgebunden „politisch . . . potentiell . . . alles (ist), was das Wohl des politischen Verbandes und seiner Menschen berührt."[30] Mit bestimmten Konzeptionen verbundene Begriffe wie „Praxis" als gutes, tugendhaftes Handeln und „Polis" als gerecht geordnetes Gemeinwesen, das tugendhaftes Handeln ermöglicht, werden den sich rasch wandelnden, sich verstärkenden und abebbenden Bedürfnissen und Interessen von Gruppen und deren Einflußversuchen sowie tatsächlichen Einflußnahmen auf das politische System nicht gerecht.[31] Ähnliches meint in bezug auf die didaktischen Anforderungen an Politikwissenschaft und politische Bildung Hermann Giesecke, wenn er für Funktions- und Interdependenzmodelle plädiert, die es ermöglichen, „hochdifferenzierte Phänomene und zahllose Details im Bewußtsein zusammenzubringen und . . . offen und korrigierbar zu bleiben". Bei „weltanschaulichen Modellen vom Typ der ‚Urphänomene' " sieht er dieses Postulat nicht eingelöst[32] und verweist damit auf die theoretische und didaktische Beschränktheit derartiger Versuche im Rahmen moralphilosophischer Politikbestimmung[33].

Die Schwächen traditionell-ontologisierender Ansätze in der Politikwissenschaft versuchen gegenwärtig im wesentlichen systemtheoretisch, kritisch-dialektisch und marxistisch orientierte Konzepte zu überwinden.

Theoretische und methodische Ansätze strukturell-funktionaler und funktional-struktureller Systemtheorie sowie dialektisch-kritischer und marxistischer Theorie sollen im folgenden stark verkürzt in ihren paradigmatischen Grundlinien aufgezeigt und in Problemdimensionen gebündelt werden.

## 1. Strukturell-funktionale Systemtheorie

In der strukturell-funktionalen Systemtheorie *Talcott Parsons'* stellt das politische System ein Subsystem des sozialen Systems dar. Die strukturell-funktionalen Erfordernisse des sozialen Systems bedingen und bestimmen das politische System. Nach *Parsons* zeichnet sich ein System durch die Interdependenz der Teile oder Variablen aus, wobei Interdependenz besagt, daß *bestimmte* Beziehungen zwischen den Teilen oder Variablen (im Gegensatz zu *beliebiger* Variabilität) bestehen. Interdependenz wird damit zugleich zum dominierenden Ordnungsfaktor eines Systems, dessen immanente Wirkungsweisen (Funktionen) dahin zielen, das System im Gleichgewicht (Equilibrium) zu erhalten[34].

Die relative Stabilität eines Systems findet formal ihren Niederschlag in den Strukturen des Systems als „Gleichförmigkeiten in Ergebnissen zugrundeliegender Prozesse, die hinreichend stabil sind, um sie für pragmatische Zwecke innerhalb gewisser Grenzen als konstant anzunehmen"[35]. Den Strukturen zugeordnet sind spezifische Verhaltensmuster (pattern-variables). Als dynamische Kategorien eines Systems werden Funktionen angenommen, die mit den Strukturen verknüpft sind und Prozesse des Systems im Einklang mit seinen bestehenden Rahmenbedingungen und seiner Umwelt garantieren sollen. Hierzu werden Erfordernisse formuliert, denen Funktionen zu genügen haben (functional prerequisites, functional imperatives):

1. Das System hat sich seiner Umwelt anzupassen (adaption);
2. Das System hat seine Bestandteile zu integrieren (integration);
3. Das System hat seine Verhaltensmuster aufrechtzuerhalten und (auf dieser Basis) Konfliktregelung zu betreiben (pattern-maintenance, tension-management);
4. Das System hat (unter den Bedingungen 1–3) seine Ziele zu erreichen (goal-attainment).[36]

Werden die funktionalen Erfordernisse nicht erfüllt, sondern es finden stattdessen Prozesse statt, die systeminkonform sind, so beeinträchtigen sie die Interdependenz des Systems auf der Grundlage des bestehenden Gleichgewichts, seine Integration, letztlich seine Funktionalität insgesamt – sie sind (nach Parsons) dysfunktional[37].

Modifikationen des strukturell-funktionalen Ansatzes in der Systemtheorie beziehen sich auf die Unterscheidung von zwei Dimensionen des Handelns und die Zuordnung von spezifischen Funktionserfordernissen zu politischen bzw. ökonomischem System. Auf diese kann hier nicht näher eingegangen werden[38].

## 2. Funktional-strukturelle Systemtheorie

In der funktional-strukturellen Systemtheorie *Niklas Luhmann*s wird die Nachordnung bzw. intermediäre Stellung des Funktionsbegriffes gegenüber dem Begriff der Struktur in der strukturell-funktionalen Theorie kritisiert und soll überwunden werden, um damit die Problematisierung bestehender Systeme und Strukturen zu ermöglichen. Durch die Überordnung des Begriffes der Funktion gegenüber dem der

Struktur erhalten beide einen neuen Sinn. Funktion ist nicht mehr die Resultante oder der Bezugspunkt struktureller Systemdeterminanten, sondern ein „regulatives Sinnschema, das einen Vergleichsbereich äquivalenter Leistungen organisiert". Sie bezeichnet einen speziellen Standpunkt, von dem aus verschiedene Möglichkeiten in einem einheitlichen Aspekt erfaßt werden können.[39] Nicht mehr der Aufrechterhaltung des status quo eines Systems und seiner Strukturen sowie des damit verbundenen Ursache-Wirkungs-Verhältnisses für die Beziehung Struktur-Funktion gilt das Interesse des funktional-strukturellen Theorieansatzes, sondern der Eröffnung von Möglichkeiten der Erfassung alternativ-äquivalenter Entwicklungen und Wandlungen von Strukturen durch Funktion.

Die Neufassung des Funktionsbegriffes in der funktionalen-strukturellen Systemtheorie verlangt ein gleichartiges Vorgehen für den Begriff der Struktur. Strukturen werden als „generalisierte Verhaltenserwartungen" definiert, wobei Verhaltenserwartungen dann als generalisiert bezeichnet werden sollen, wenn sie auch im Falle von Enttäuschungen beibehalten werden[40]. In entwickelten Systemen stellen primär Rechtsnormen die Funktionen zur Erreichung der beabsichtigten Strukturen dar[41].

### 3. Problematisierung politischer Annahmen in Ansätzen strukturell-funktionaler und funktional-struktureller Systemtheorie

Im einzelnen sind hauptsächlich folgende kritischen Einwände gegen die oben dargelegten Systemansätze vorzubringen:

a) Die von einem status quo ausgehende Bestimmung der Funktionserfordernisse für ein System in der Systemtheorie Talcott Parsons' beinhaltet Postulate der Anpassung, Zielprojektion, Integration und Konfliktregelung, die nicht offen gegenüber zukünftigen Entwicklungen sind, sondern sich einseitig an Bestehendem orientieren.
b) Problematisch ist bei der Bestimmung von „guten" und „schlechten" Funktionen deren ausschließlicher Bezug auf prinzipiell vorausgesetzte Strukturen in einem fixierten System.
c) Kritisch muß zu dem funktional-strukturellen Ansatz *Luhmann*s bemerkt werden, daß er von definitorisch bestimmten Prämissen seines Funktionsbegriffs ausgeht, die in ihrer zu organisierenden Äquivalenz ohne Bezug auf System und Struktur jede beliebige Leistung zulassen.
d) Haben bei *Parsons* Funktionen die Aufgabe, „Kriterien für das Ge-

wicht dynamischer Faktoren und Prozesse innerhalb des Systems zu liefern", so entsprechen dem bei Luhmann die Strukturen als „generalisierte Verhaltenserwartungen". Am deutlichsten kommt die Rückwendung *Luhmanns* zur strukturell-funktionalen Theorie in Bezug auf entwickelte Systeme in seiner Formulierung zum Ausdruck: Funktion als Organisierung eines Vergleichsbereichs äquivalenter Leistungen „dient . . . der Befestigung des Seienden im Verhältnis zu anderen Möglichkeiten."[42] Auch die funktional-strukturelle Theorie *Luhmanns* ist damit – wie die strukturell-funktionale Theorie *Parsons* – auf ihrem gegenwärtigen Stand als einseitig konservativ und systemaffirmativ zu kennzeichnen[43].
Sinn und Aufgabe der Systemtheorie besteht darin, einen wissenschaftlichen Ansatz zu gewinnen, der es erlaubt, komplexe Systeme in einem verbindlicheren Bezugsrahmen interdisziplinär zu analysieren und theoretisch-komparativ zu erfassen. Als vorläufige Grenze zeigt sich, daß die bisherigen Systemansätze in der Politikwissenschaft durch den einseitigen Bezug zu bestehenden, insbesondere entwickelten Systemen die gesellschaftlich-dynamische Komponente zugunsten der politisch-ökonomischer Herrschaftsbedingungen entscheidend vernachlässigen[44].

## 4. Marxistische und dialektisch-kritische Theorie

Marxistische und dialektisch-kritische Konzeptionen gehen von der gesellschaftlichen Vermittlung jedes Erkenntnisprozesses aus und stellen deswegen den Empirie-Theorie-Praxis-Bezug in den Mittelpunkt ihres Untersuchungsinteresses.

Die Ideologisierungsgefahr wissenschaftlicher Aussagen versuchen marxistische und dialektisch-kritische Theoriekonzeptionen im wesentlichen im Rahmen von vier Dimensionen zu vermindern:

a) den Bezugsrahmen der Totalität;
b) den dynamischen, funktionalen und dysfunktionalen Prozeß der Geschichtlichkeit;
c) das methodische Prinzip der Dialektik;
d) das Postulat und Erkenntnisinteresse der gesellschaftlich vermittelten Emanzipation (dialektisch-kritische Theorie)[45] bzw. des Sozialismus-Kommunismus (marxistischer Theorie).

In ihrer praktischen Forschungsarbeit beschränken sich marxistisch und dialektisch-kritisch orientierte Ansätze – ausgehend von den vier theoretischen Dimensionen – sehr stark auf die Kritik kapitalistischer Systeme im allgemeinen und deren gesellschaftlicher Entfremdung und Verdinglichung im besonderen[46]. Die ideologiekritischen Implikationen dialektisch-kritischer Theorie lenkten deren Interesse auch auf Fragen der Sozialisation und der politischen Bildung[47]. Marxismus und kritische Dialektik liefern Begründungen als theoretische Konzepte von Oppositionswissenschaft vornehmlich gegen bürgerlich-kapitalistische Systeme und den diesen mehr oder weniger integrierten Wissenschaftsrichtungen (bürgerliche Wissenschaft).

Gesellschaftliches Gesamtziel marxistischer Theorie und Praxis ist in Etappen die Eroberung des Staates durch die proletarische Revolution, die Überwindung des Kapitalismus in einer Übergangsperiode, währen der der revolutionäre Staat zu festigen und konterrevolutionäre bürgerliche Klasseninteressen zu eliminieren sind, und schließlich als Endziel die Realisierung der sozialistischen (kommunistischen) Gesellschaft. Politik als Wissenschaft hat demnach nach marxistischer Auffassung die sozio-ökonomischen und politisch-ökonomischen Zustände und Entwicklungen in der Perspektive der gesetzten normativen Prämissen und Ziele zu analysieren und Handlungsanweisungen auszuarbeiten. Schwerpunkte hierbei sind Klassenanalyse, objektiver und subjektiver gesellschaftlicher, ökonomischer und politischer Entwicklungsstand sowie Aufdeckung administrativ-repressiver und Entwurf proletarisch-revolutionärer Strategien.

Ist für die marxistische Theorie und ihre unmittelbaren Varianten der Klassengegensatz in den kapitalistischen Systemen der Gegenwart und deren Überwindung der fundamentale Ausgangspunkt für die Bestimmung ihres Politikbegriffes und dessen Zielprojektion, so nehmen dialektisch-kritische Ansätze – trotz auffallender Gemeinsamkeiten in den oben aufgeführten vier Elementen mit marxistischen Konzeptionen – Abstand von derartigen, mit objektiven Geltungsansprüchen versehenen Zielfestlegungen und rücken auch zunehmend von revolutionärer Theorie und Praxis ab. Für *Herbert Marcuse* stehen in kapitalistischen Systemen deren zu einem technokratischen Totalitarismus drängende Manipulations- und Repressionsmechanismen im Zentrum der Kritik. Seine dem entgegengesetzte Zielbestimmung versucht, individuell-emanzipatorischen Lustprinzipien gesellschaftlich (auch revolutionär) zum Durchbruch zu verhelfen.

## 5. Problematisierung politischer Annahmen in Ansätzen marxistischer und dialektisch-kritischer Theorie

Die fundierteste Kritik marxistischer Theorie wurde bis heute immer wieder von ihr verwandten Ansätzen geliefert. So wies *Jürgen Haber-*

*mas* vor dem Ausbruch studentisch-revolutionärer Proteste und der damit einhergehenden Renaissance marxistisch orientierter Theorie in kapitalistischen Systemen auf Elemente marxistischer Theorie hin, die seiner Meinung nach heute als durch die historische Entwicklung überwunden gelten müssen[48]. Zwei dieser Elemente betreffen die ökonomisch bedingte Gliederung der Gesellschaft in Klassen sowie die Konsequenzen sozialistischer Revolution:

1. Die Arbeiterschaft in den gegenwärtigen hochentwickelten kapitalistischen Systemen kann nicht mehr als revolutionäres Subjekt sozialistischer Revolution interpretiert werden;
2. Erfolgreiche sozialistische Revolutionen bewirkten (gemessen an der Entwicklung der UdSSR und der anderen sozialistischen Staaten Osteuropas) vielfach das Gegenteil eigener vorrevolutionärer Ansprüche.

Funktional-systemtheoretische Kritik hebt neben der Problematisierung der Zielfestlegung[49] vor allem auf die unzureichende Eigenkomplexität marxistischer theoretischer Ansätze ab. Wie auf dem Wege zu einem kommunistischen Gesellschaftssystem die Arbeitsteilung als wesentliches Element der Bildung von Klassen und Schichten sowie als eines der grundlegenden Kennzeichen hochentwickelter industrieller Systeme aufgehoben werden soll, bleibt für die absehbare gesellschaftliche Entwicklung ein nicht zu lösendes offenes Problem, da Produktionsüberfluß ohne Änderung spezialisierter Produktionsbedingungen keine Reduktion oder gar Aufhebung von Arbeitsteilung ermöglicht.

Wissenschaftstheoretisch sind marxistische Modelle als zielgerichtete, offene, konflikttheoretisch orientierte Systeme zu bezeichnen, solange sie sich auf bürgerlich-kapitalistische Gesellschaftsformationen beziehen. Dieses von kritischen Wissenschaftsrichtungen in einer Fülle von Variationsbreiten benutzte Grundmodell weicht für marxistische Konzeptionen einer geschlossenen funktional-integrationistisch zu interpretierenden Harmoniekonstruktion gesellschaftlichen Überlebens auf der Basis des status quo, sofern das anvisierte Ziel der sozialistisch-kommunistischen Gesellschaftsformation erreicht ist[50]. Als theoretische wie praktische Gefahr folgt daraus für marxistische Konzeptionen, daß normative Prämissen und Zielfestlegungen in einseitiger kritikloser Selbsteinschätzung diskussionslose Richtschnur davon abzuleitender Analysen und Strategien abgeben, wobei der Grad der Ideologisierung eigener Aussagen in dem Maße wächst, in dem die selektive Erkenntnis der Realität durch überwiegend invariable wissenschaftliche input-Mechanismen wahrgenommen wird.

Die normative Zielfestlegung und die Strategie der Zielerreichung ist im Rahmen der Konzepte dialektisch-kritischer Theorie beträchtlich offener als in marxistischer Perspektive. Die Zielperspektive der Emanzipation ist systemtheoretisch allerdings als einfaches Zielmodell zu kennzeichnen, das für die Entwicklung eines Gesamtsystems problematisch ist, da ungeachtet des Zustandes des Systems und der Auswirkungen auf Systemzusammenhänge Emanzipation als isoliertes Element (Variable) maximiert werden soll.[51] Ist ein derartiges Zielmodell als relativ simpel zu bezeichnen, so ergibt sich daraus seine geringe Brauchbarkeit in Anwendung auf komplexe Systeme, die durch Ausdifferenzierung von Subsystemen und Multifunktionalität gekennzeichnet sind.

## 6. Zur Auswertung der politikwissenschaftlichen Brauchbarkeit von Dimensionen funktional-systemtheoretischer, marxistischer und dialektisch-kritischer Theorieansätze

Die zuvor in fast nicht vertretbarer Verkürzung dargestellten und problematisierten Theorieansätze werden in einem Tableau in für sie je als typisch geltenden Dimensionen vergleichend gegenübergestellt (s. S. 113–115). Hierbei lassen sich acht Dimensionen als Schwerpunkte von funktionaler Systemtheorie, marxistischer und dialektisch-kritischer Theorie feststellen, die von dem jeweiligen Theorierahmen und seiner inneren Konsistenz selbstverständlich nicht zu isolieren sind.

## III.

Im folgenden werden zwei der zuvor behandelten acht Problemdimensionen politikwissenschaftlicher Inhalte ausgewählt und auf Bereich und Bedürfnisse politischer Pädagogik übertragen. Die Auswahl der Dimensionen „System und Totalität" sowie „Funktionalität und Dialektik" erfolgt nach dem Gesichtspunkt, daß sie für das Verständnis und die Anwendung dimensionaler Strukturierung von politikwissenschaftlichen Inhalten in der politischen Pädagogik besonders wichtig und schlechthin grundlegend sind. Letzteres insbesondere deswegen, da sich mit diesen Begriffen dimensional theoretischer Bezugsrahmen und methodisches Vorgehen für Politikwissenschaft wie politische Pädagogik umschreiben läßt. Eine vorläufige Globalstrukturierung von politischen Inhalten läßt sich damit vollziehen, die mit Hilfe der anderen genannten Dimensionen sowie Kategorien und Variablen weiter zu differenzieren und für spezielle Bedürfnisse der politischen Bildung zu elementarisieren und zu konkretisieren ist.

*Vergleichende Gegenüberstellung von Dimensionen funktionaler Systemtheorie, marxistischer und dialektisch-kritischer Theorie:*

| Dimensionen | Strukturell-funktionale Systemtheorie (SF) und funktional-strukturelle Systemtheorie (FS) | Marxistische (M) und dialektisch-kritische Theorie (DK) |
|---|---|---|
| 1. Theorierahmen | System, untergliedert in Teilsysteme (Pol., ökonom., soz. System) und Subsysteme (Terminologie von Teil- u. Subsystem unterschiedlich!). Starke Vernachlässigung des ökon. Systems. | Totalität, zusammengesetzt aus materieller sozio-ökonom. Basis und politisch-ideologischem Überbau. |
| 2. Methode | Strukturell-funktional (z. B. Parsons) oder funktional-strukturell (z. B. Luhmann). Von Systemrahmen und Systemfunktionalität abgeleitete Funktionserfordernisse.<br><br>Systeminkonforme Funktionen = Dysfunktionen. Keine Verbindung von Funktionen und Dysfunktionen zur Bestimmung von Kriterien sozio-ökonom. Wandels und polit. Veränderungsprozesse. Stattdessen funktionale Interdependenz der Systemteile und Forderung von deren Gleichgewicht nach den Bedingungen des status quo.<br><br>Normensystem nach Maßgabe der Systemfunktionalität. Systemfunktionale Integration. Systemkonforme Anpassung, Verhaltensmuster, Konfliktregelung und Zielbestimmung. | Dialektik (DK). Dialektischer und historischer Materialismus (M). Durch dialektische Methode und bindende Normsetzung kann Zielrealisierung theoretisch behauptet und innerhalb des angenommenen Rahmens bewiesen werden. |

| Dimensionen | Strukturell-funktionale Systemtheorie (SF) und funktional-strukturelle Systemtheorie (FS) | Marxistische (M) und dialektisch-kritische Theorie (DK) |
|---|---|---|
| 3. Realitätserfassung | Status quo eines untersuchten Systems oder Systemteils wird nicht in Frage gestellt (SF).<br><br>Stellung der Sinnfrage bei dem Versuch der Realitätserfassung (FS).<br><br>Systemgebundene, nicht offene Entwicklungsperspektive (in der Tendenz konservativ und systemaffirmativ).<br>Bei Abrücken von systemkonformem Normensystem Beliebigkeit der Aussagemöglichkeiten (Äquivalenzfunktionalismus) (FS).<br>Systemüberlebensmodell. Tendenz zu inhaltsloser Abstraktion und Schematismus. Ontologisierung. | Klassenantagonismus (M) und Emanzipation (DK) als normative Strukturelemente der Realitätserfassung. Überwindung des Klassenantagonismus (M) und Realisierung gesellschaftlicher Emanzipation als Entwicklungs- und Zielperspektive.<br><br>Gegen Kapitalismus, für Sozialismus (M). Gegen technokratischen Totalitarismus, für Realisierung des Lustprinzips (Marcuse) (DK).<br><br>Geschlossenes Systemzielmodell (M).<br>Einfaches Zielmodell (DK).<br>Unzureichende Umschreibung des Zielmodells. Praxisbezug theoretisch konzipierter Strategien fragwürdig. Ontologisierung.<br>Wo ist revolutionäres Subjekt (M)?<br>Wie sieht Sozialismus in der Realität aus (M)? |
| 4. Eigenkomplexität | "Requisite variety" = Eigenkomplexität soll der Komplexität des zu untersuchenden Gegenstandes entsprechen. | Unzureichende Eigenkomplexität durch Beschränkung auf Klassenantagonismus (M) und Dialektik. |
| 5. Geschichtlichkeit | Unhistorisch gegenwartsbezogen. | Bestimmung von Gegenwart und zukünftiger Entwicklung auf der Grundlage historisch-materialistischer Analyse. |

| Dimensionen | Strukturell-funktionale Systemtheorie (SF) und funktional-strukturelle Systemtheorie (FS) | Marxistische (M) und dialektisch-kritische Theorie (DK) |
|---|---|---|
| 6. Ideologiehaltigkeit | Systemkonforme Ideologiehaltigkeit (SF). Vom strukturell bestimmten Äquivalenzfunktionalismus vorgegebene Ideologiehaltigkeit (FS). | Nicht in Frage gestellte und verabsolutierende Eigennormsetzung (Klassenantagonismus, sozialistische Revolution, proletarisches Bewußtsein (M); Emanzipation (DK)). |
| 7. Kritikfähigkeit | Durch systemkonforme Funktionalität (SF) und Äquivalenzfunktionalismus (FS) nur mangelhafte Kritikfähigkeit. Überwiegend Herrschaftswissenschaft. | Überwiegend dysfunktional kritikfähig. Gegenüber kapitalistischen Systemen ausschließlich dysfunktional kritikfähig (M). Überwiegend Oppositionswissenschaft. Gegenüber kapitalistischen Systemen ausschließlich Oppositionswissenschaft (M). |
| 8. Theorie-Praxis-Bezug | Systemanalytische Planung und Steuerung auf der Basis des status quo (z. B. PPBS, PES). | Theoretische Handlungsanweisungen zu Systementwicklung und Systemüberwindung im Sinne der gesetzten Normen und Ziele evolutionär-revolutionär (DK) oder ausschließlich revolutionär (M). |

## 1. System und Totalität

Objektiv wie subjektiv lassen sich politisch relevante Prozesse nur im gesellschaftlichen Bezug und als gesellschaftlich vermittelt verstehen.[52] Diese grundlegende Annahme funktional-systemtheoretischer, dialektisch-kritischer und marxistischer Ansätze gilt es im folgenden auf den Bereich politischer Pädagogik zu übertragen und für dessen Strukturierung nutzbar zu machen. Geleistet werden soll damit die Abkehr von enzyklopädischem Faktensammeln[53] als verfehlter Zielbestimmung politischen Unterrichts und stattdessen die Hinwendung zur Erklärung und Umsetzung von Entstehungs-, Begründungs- und Wirkungszusammenhängen politisch-gesellschaftlicher Zustände und Entwicklungsprozesse[54].

Als allgemeinstes Strukturmuster für Erklärung und praktische Umsetzung politisch-gesellschaftlicher Erscheinungen und Zusammenhänge sollen hierbei die Begriffe „System" und „Totalität" in ihren oben aufgeführten Bestimmungen dienen. Das didaktische Prinzip der Anschaulichkeit und Eigenerfahrung[55] darf dabei allerdings nicht nebulös verschleiernder und nichtssagender Abstraktion geopfert werden.

Für Lehrer des Schulfaches „Sozialkunde" oder „Gemeinschaftskunde" sind unter diesen Voraussetzungen fundierte Kenntnisse in moderner politikwissenschaftlicher Theorie unumgänglich. Diese fachwissenschaftlichen Kenntnisse sind fachdidaktisch umzusetzen, wobei sich für die Behandlung im politischen Unterricht das Fallprinzip[56] anbietet. An aktuell-realen Einzelbereichen[57] der Politik wird in funktionaler und dysfunktionaler Orientierung an dem jeweiligen Gesamtsystem (z. B. BRD oder Vergleich BRD-DDR) analysiert und diskutiert. Elementares, Exemplarisches, bei Vergleichen auch Typisches tritt im jeweiligen Bezug zu der Totalität in den Blick und zunehmend in das Verständnis der Schüler. Eine derartige Offenlegung von Einzelproblemen in ihrem funktional-dysfunktionalen Bezug zum Gesamtsystem vermittelt eine politische Bildung, die – kritisch-theoretisch orientiert – danach strebt, ihrerseits entsprechend den Anliegen und mit den Mitteln des politischen Unterrichts anhand von einzelnen konkreten Fällen einen politisch-pädagogischen Beitrag zur Theorie von Systemen und deren Teilen sowie der gesellschaftlichen Totalität und ihrer Dialektik zu leisten.

Eine vergleichbare Auffassung vertritt *Hermann Giesecke*[58], wenn er von der Hypothese ausgeht, „daß in politischen Fragen immer schon ein verhältnismäßig differenzierter Vorstellungszusammenhang vorausgesetzt werden muß". Entsprechend dürfen von dieser Position aus Einzelprobleme nicht nur unter speziellen Gesichtspunkten ausgesucht und im politischen Unterricht behandelt werden, da isoliertes politisches Wissen nicht den oben erörterten notwendigen System- bzw. Totalitätsbezug herzustellen vermag. Giesecke räumt allerdings gleichzeitig ein, daß der Entwurf derartiger Bezugssysteme für den politischen Unterricht die fachliche Kompetenz des politischen Didaktikers übersteigt. Er verweist mit Recht auf die kritische Kontrolle entsprechender Arbeitsergebnisse der Fachwissenschaften durch die politische Didaktik und umgekehrt.

*Wolfgang Hilligen*[59] unterscheidet zwischen wissenschaftlichen Systemkategorien und didaktischen Kategorien. Eine Affinität der wissenschaftlichen Systemkategorien bei Hilligen und den oben expliziterten politischen Annahmen unterschiedlicher theoretischer Ansätze scheint nahezuliegen, wird jedoch den verschiedenen Ausgangspositionen und Zielprojektionen nicht gerecht. *Hilligen* benutzt nämlich die Systemkategorien als einfache Klassifikationsinstrumente für den Gegenstandsbereich von Politikwissenschaft oder Soziologie. Von seinen genannten Beispielen („Regierungssysteme usw.") ausgehend, läßt sich eine Vielzahl derartiger Systemkategorien erschließen, die allerdings lediglich dazu geeignet sind, den jeweiligen wissenschaftlichen Gegenstandsbereich in Form strukturierender Kategorien in seiner Gesamtheit überschaubar zu machen, ohne jenseits von statischer Strukturgewinnung die diesen Strukturen immanenten Probleme theoretisch, methodisch und analytisch aufzudecken. Auch Aspekte der Dynamik und des Wandels lassen sich aus seinen Beispielen nicht schließen, so daß der Verdacht, es handele sich hierbei um einen zu einem Gesamtbild „Politikwissenschaft" oder „Soziologie" zusammensetzbaren Kategorienbaukasten, nicht von der Hand zu weisen ist.

Auch Begriff und Funktion der didaktischen Kategorien werden von *Hilligen* nicht in der wünschenswerten Klarheit dargestellt. Soviel läßt sich allerdings entnehmen, daß Systemkategorien und didaktische Kategorien im politischen Unterricht nebeneinander bestehen sollen: Die Systemkategorien liefern das fachwissenschaftliche Klassifikationsfeld, die didaktischen Kategorien besorgen die Auswahl des Lehrnotwendigen, die Bestimmung des demokratischen Minimalkonsensus und die Begründung der kategorialen Entscheidungsfragen. Die so vorgenommene Trennung zwischen fachwissenschaftlichem Strukturraster und didaktischer Zubereitung für den politischen Unterricht ist allerdings äußerst problematisch, entsteht doch hiermit der Eindruck, als liefere die Fachwissenschaft im Rahmen der Systemkategorien perfekte Produkte, die lediglich unter den Bedingungen der Alltagserfahrungen im politischen Unterricht zu dialektischer Diskussion gestellt werden müßten.

Die Gegenüberstellung bisheriger politisch-didaktischer Ansätze unter der Perspektive ihrer Leistungsfähigkeit bei der Erfassung politisch-gesellschaftlicher Systemzusammenhänge und Totalitäten am Beispiel *Giesecke*s und *Hilligen*s zeigt deren Suchen nach Transformationsmöglichkeiten sozialwissenschaftlicher Erkenntnisse in Strukturelemente politischer Pädagogik. Während *Giesecke* hierbei in Erkenntnis der fachwissenschaftlichen Grenzen der Pädagogik dieser ermuntert, „viel ungenierter als bisher die entsprechenden Fachwissenschaften auf(zu)fordern, solche an ihren wichtigsten Denkmodellen orientierten systematischen Lehrgänge zu programmieren"[60], versucht *Hilligen* ausschließlich von der politischen Pädagogik her, diese Aufgabe zu bewältigen und gerät dabei notwendigerweise in das Kompetenzdilemma zwischen politikwissenschaftlich differenzierender Theorie und Anforderungen der Praxis des politischen Unterrichts. Letzteres Los teilt *Hilligen* – trotz Unterschiedlichkeiten in Ausgangspositionen und Zielen einer Didaktik der politischen Bildung – mit *Rolf Schmiederer.*

Terminologisch und inhaltlich verschieden meinen Didaktiker der politischen Bildung methodisch-operational Gleiches, wenn sie von dem „Ganzen" als dem „politisch-ökonomische(n) und soziokulturelle(n) Zusammenhang" im Sinne von *Negt*s „Totalität der Gesellschaft in historischer Dimension" (*Schmiederer*)[61] sprechen; oder von politischem Unterricht als „Politikunterricht und Gesellschaftskunde", „um vor allem den sozial-wissenschaftlichen Ansatz eines Gesamtmodells etwas deutlicher zu machen" (*Rehm*)[62] oder von der „Grundkategorie des Gemeinwohls" (*Sutor*)[63].

Können somit als Rahmen politischer Pädagogik Begriffe und Konzeptionen wie System und Totalität je nach wissenschaftstheoretischer Richtung einzelner politischer Didaktiker auf eine breite Zustimmung rechnen, so ist es bis jetzt noch nicht gelungen, die entsprechenden abstrakten politikwissenschaftlichen Ansätze für die Bedürfnisse politischer Pädagogik zu transformieren. Dies ist vor allem darauf zurückzuführen, daß bis jetzt entweder keine oder nur unzureichende Versuche vorliegen, die Globalkonzeptionen von System und Totalität für die Anforderungen politischer Pädagogik didaktisch sinnvoll zu strukturieren. Theoretische und methodische Strukturraster wie Dialektik, Klassengegensatz, historischer Bezug, Ideologie- und Systemkritik sowie Theorie-Praxis-Verhältnis werden überwiegend voluntaristisch gebraucht und entbehren wissenschaftstheoretisch begründeter Konsistenz ebenso wie didaktisch adäquater Komplexitätsreduktion und Variabilität[64]. Die Transformation weiterer politikwissenschaftlich relevanter Problemdimensionen, wie sie oben aufgeführt wurden, in Dimensionen zur didaktischen Strukturierung von Inhalten politischer Pädagogik werden dazu beitragen, die notwendigen Globalansätze und -perspektiven zu differenzieren und damit komplexitätsreduzierend transparent und problemorientiert variabel zu machen.

## 2. Funktionalität und Dialektik

Eines der primären Anliegen dimensionaler Strukturierung von Inhalten in Politikwissenschaft wie politischer Pädagogik muß es sein, die sozialen Beziehungen und Interaktionen von Individuen, Gruppen und Gesellschaft im Rahmen eines Systems oder einer Totalität zu klären. Unterschiedliche politisch relevante Einstellungen und Verhaltensweisen müssen dabei in einer Weise erfaßbar sein, daß ihre Komplexität und Kontroversität durch Offenlegung ihrer Interessen und der Strategien zu ihrer Durchsetzung im gesamtgesellschaftlichen Bezug deutlich werden. Weder kann es hierbei darum gehen, komplexe Interessengegensätze vorschnell einseitig zu reduzieren, noch es bei dem bloßen Aufzeigen eines Interessenpluralismus bewenden zu lassen. Von funktional-systemtheoretischer Position her sind vielmehr Individual-(eigene) und Gruppeninteressen in ihrem funktionalen oder dysfunktionalen Systembezug zu erhellen, um damit eine möglichst reale Basis für den aktuellen Funktionsmechanismus eines Systems sowie seiner Teil-, Subsysteme und Systemelemente zu gewinnen. Auf intersystemare Verhältnisse und ihre Rückkoppelungseffekte auf einzelne (nationale) Systeme ist in dem Lernfeld „Internationale Beziehungen" einzugehen. Ziel dieser funktional-dysfunktionalen Dimensionierung ist es, reale Funktionszusammenhänge als Ausgangsposition rational-analytisch einordenbar und von dieser Basis aus erst überprüfbar, sachgerecht und wertorientiert kritisierbar und letztlich kalkuliert veränderbar zu machen.

Wertorientierte Kritik an bestehenden Systemen und Anliegen zu ihrer partikularen oder totalen Veränderung stoßen bei gegenwärtigen systemtheoretischen Ansätzen ihrer positivistischen Herkunft wegen immer noch – wenn dies auch keineswegs das wissenschaftstheoretische Schicksal systemtheoretischer Konzeptionen sein muß – auf teils sehr enge, teils weitere Grenzen. Die Umsetzung ausschließlich systemanalytisch gewonnener Ergebnisse der Politikwissenschaft in der politischen Pädagogik bewirkt die Gefahr unkritischer Bestandsaufnahmen politisch-ökonomischer und politisch-gesellschaftlicher Zustände, indem deren Funktionalität bzw. Dysfunktionalität – so real diese auch durch empirische Verfahren nachweisbar sein mögen –

ideologisch den Eindruck zu vermitteln vermögen, bestimmte Systemdeterminanten seien naturwüchsig und damit schlechthin unveränderbar, einer rationalen Kritik also überhaupt nicht zugänglich. Letzteres um so mehr, als systemtheoretisch überwiegend funktionale Sachzusammenhänge bei ungenügender Reflexion immanenter bzw. alternativer Wertekonstellationen erfaßt werden.

Demgegenüber besteht die weiterreichende Aufgabe inhaltlicher Dimensionierung und Strukturierung für die politische Pädagogik darin, Zielorientierungen des einzelnen zu ermöglichen, deren Realisierungschancen und -grenzen sowie entsprechende Verhaltensabhängigkeiten und -freiräume in Gruppen und Gesellschaft zu erkennen und praktisch nutzbar und umsetzbar zu machen. Hierbei vermögen dialektisch-kritische und marxistische Ansätze – sofern sie undogmatisch und auch im Selbstverständnis ideologiekritisch angewandt werden – ihre Leistungsfähigkeit unter Beweis zu stellen.

Im folgenden soll dies am Beispiel der theoretischen und analytischen Erfassung und Verringerung bzw. Aufhebung ungleicher Lebenschancen geschehen. Dieser Schwerpunkt wird vor allem deswegen gewählt, da die objektiv ungleiche Verteilung von Lebenschancen den wesentlichen Hinderungsgrund für die optimale Wahrnehmung gesellschaftlich-politischer Mitbestimmungs- und individueller Selbstbestimmungsmöglichkeiten darstellt[65]. *Oskar Negt*[66] versucht, objektive politisch-ökonomische Situation und Arbeiterinteressen dialektisch zu vermitteln und entsprechend den eigenen Ansprüchen für politische Lernprozesse exemplarisch umsetzbar zu machen. Als Bezug sei hier verwiesen auf eine breit angelegte empirische Untersuchung über Veränderungen industrieller Arbeitsformen und Arbeitsinhalte und deren Konsequenzen für Bewußtsein und Interessen der Industriearbeiter. *Horst Kern* und *Michael Schumann*[67] konstatieren für die qualifizierten Automationsarbeiter eine „Tendenz zur verstärkten Bindung an die Privatsphäre". Eine Stabilisierung dieser Tendenz hat nach *Kern/Schumann* zur Folge, daß „der qualifizierte Automationsarbeiter kaum mehr ein Klassenbewußtsein im herkömmlichen Sinn ausbilden können (wird)". *Kern/Schumann* relativieren diese Aussage, indem sie darauf hinweisen, daß in der zentralen Frage der Einschätzung der Einkommensverhältnisse auch privilegierte Arbeitergruppen der Meinung sind, ihr betrieblicher Lohnanteil ließe sich erhöhen, ohne daß deswegen die Zukunft des Betriebes gefährdet sei[68]. Sie ziehen daraus den Schluß, daß „die Differenzen zu den Nichtarbeitern stärker als bisher ins Blickfeld rücken und die qualifizierten Automationsarbeiter zu einer weniger affirmativen Haltung stimulieren (könnten)"[69].

*Negt* bezieht sich auf dieses Untersuchungsergebnis und interpretiert es als eine bedrohliche Tendenz zur Auflösung der Einheit der Arbeiterklasse als einer Klasse von Lohnabhängigen[70], ohne stringent nachzuweisen, wie diese marxistische Kategorie des 19. Jahrhunderts modifiziert auf Analysen sozio-ökonomischer Verhältnisse und Prozesse in entwickelten Industriesystemen der Gegenwart übertragbar ist. Er selbst räumt ein, daß „eine unmittelbare, selbstverständliche Verbindung zwischen den emanzipativen Zielen der Arbeiterbewegung und einer Theorie, die sie wissenschaftlich begründen könnte, . . . in der traditionellen Weise nicht mehr vorauszusetzen (ist)" und postuliert, daß „heute . . . die von Erfahrungswissenschaften gelieferten Informationen in eine soziologische und politische Interpretation einbezogen werden (müssen), um sie für den Emanzipationskampf der Arbeiterschaft und für die vernünftige Organisation der Gesamtgesellschaft dienstbar zu machen"[71].

Aufgrund des Fehlens einer funktional-systemtheoretischen Analyse bei *Negt* läßt sich zeigen, wie er ohne zureichende systemimmanente Bestandsaufnahme gruppenspezifische Interessen (Arbeiterklasse) objektiv zu konstatieren, lerntheoretisch-exemplarisch aufzubereiten und letztlich praktisch durchzusetzen versucht. Die dialektische Alternative zur Realität verdrängt damit die Erfassung der Realität selbst und bleibt – insbesondere in ihrer einseitigen Ausrichtung auf spezifische Interessen im Rahmen der Arbeiterbildung – praxisfern und utopisch. Diese Kritik an dem einseitig starren Normensystem und dessen Entwicklungsperspektive bei *Negt*[72] schließt nicht aus, daß er in Bezug auf theoretische und praktische Lernziele – am Beispiel der Arbeiterbildung – Aussagen macht, die gesamtgesellschaftlich verallgemeinert in der Lage sind, einen wichtigen Beitrag zur Dimensionierung und Strukturierung politischer Inhalte und deren Umsetzung in politischer Pädagogik und politischer Sozialisation zu leisten. So bemerkt er etwa zu Recht – und dies ist eben nicht nur auf Bedingungen der Arbeiterbildung einzuschränken, sondern betrifft die gesamte Gesellschaft in ihrer Komplexität –, daß „gesellschaftliche Bedeutung und politische Effektivität der Arbeiterbildung . . . nicht zuletzt davon abhängig (sind), inwieweit es ihr gelingt, die grundlegenden, oft verdrängten oder verzerrt wahrgenommenen Konflikte des Individuums als strukturelle Widersprüche der Gesellschaft zu erklären und von bloßen Symptomen derartiger Konflikte zu unterscheiden"[73]. Dies beinhaltet die Abkehr von der ausschließlich funktionalen Erhellung bestehender politischer, gesellschaftlicher und ökonomischer Zustände und Prozesse als dem Normalen schlechthin bei gleichzeitiger Darstellung oder Unterstellung von Dysfunktionalitäten als systemkonform zu überwindender Anomalie.

## IV.

Die hier noch sehr verkürzt vorgelegten Ansätze zu einer dimensionalen Strukturierung politikwissenschaftlicher Inhalte für Aufgabenstellung und Bedürfnisse der politischen Pädagogik werden abschließend in ihrer möglichen Umsetzung und Anwendung als Instrumente (neben Kategorien und Variablen) zur Gewinnung eines (hier zusammengefaßten, im weiteren allerdings noch zu differenzierenden, elementarisierenden und konkretisierenden) dreistufigen politischen Lernprozesses aufgezeigt.

Insbesondere soll damit demonstriert werden, daß sich politische Lernprozesse bei der Ermittlung und Vermittlung ihrer Lernziele und der damit untrennbar verbundenen Strukturierung von Lerninhalten auf fachwissenschaftlich-theoretischer Basis und deren unterschiedlichen Ansätzen bewegen müssen. Funktionale Systemtheorie, kritisch-dialektische und marxistische Theorie bieten sich hierfür an. Weitere theoretische Ansätze sind noch zu diskutieren und ebenso wie die hier dimensional gebündelten daraufhin zu untersuchen, inwieweit sie zu benutzen sind, um politikwissenschaftliche Inhalte für die Bedürfnisse politischer Pädagogik zu vermitteln. Gezeigt werden sollte im Rahmen der politikwissenschaftlich-theoretisch kontroversen Dimensionen, daß keines der hier behandelten Konzepte einen Ausschließlichkeitsanspruch für die Ermittlung von Forschungszielen und die Strukturierung politikwissenschaftlicher Inhalte erheben kann, wohl jedoch, daß sie in unterschiedlichen Bereichen gegeneinander Leistungsstärken und Leistungsschwächen in der Erfassung der politischen Realität und ihrer Gestaltung aufzuweisen haben. Entsprechendes ist bei der Vermittlung politikwissenschaftlicher Inhalte für den Bereich der politischen Pädagogik zu berücksichtigen, was jede einseitige wissenschaftstheoretische Orientierung ausschließt, die dem Prinzip kritischer Rationalität in Politikwissenschaft und politischer Pädagogik zuwiderläuft.

Allgemein bezogen auf die Komplexität gesellschaftlicher Gruppen in ihrer Differenziertheit (Schüler, Lehrer, Eltern, Arbeiter, Selbständige usw.) läßt sich ein dreistufiger theoretischer politischer Lernprozeß ableiten, dem praktische politische Erfahrungen jeweils parallel verlaufen oder unmittelbar nachfolgen:

1. Bestehende wenig oder nicht reflektierte politische Denk- und Orientierungsschemata werden mit der konkreten und aktuellen Wirklichkeit konfrontiert (funktional-dysfunktional-systemtheoretischer Ansatz);
2. Die Konfrontation von bestehenden politischen Denk- und Orien-

tierungsschemata mit der Realität bedingt die Überprüfung der ersteren durch das zweite. Durch Offenlegung systembedingter Funktionalität sowie Erkenntnis und Darstellung individueller und gruppenspezifischer (evtl. dysfunktionaler) Interessen entsteht das Bewußtsein einer komplex-dialektischen Konfliktsituation, in der sowohl der Rahmen des objektiv systemdeterminiert-funktional Notwendigen wie des subjektiv funktional oder dysfunktional Möglichen deutlich wird;

3. Im Subjekt-Objekt- und Theorie-Praxis-Bezug dialektisch erarbeitete und erfahrene Denk- und Verhaltenseinstellungen werden weiter reflektiert und praktiziert, wobei weder der Bezug zur Funktionalität der bestehenden Systemwirklichkeit noch rational-kritische Erkenntnis eigener Interessen und das Suchen nach Möglichkeiten deren politischer Durchsetzung verlorengehen.
   Die Lernstufen 1 und 2 wiederholen sich dabei in Anwendung auf subjektiv und objektiv wichtige politische, gesellschaftliche und ökonomische Teilbereiche immer wieder und dienen zur Überprüfung neu erreichter Standpunkte der 3. Lernstufe.

*Kurt Gerhard Fischer,* der sich ebenfalls – wenn auch nicht politikwissenschaftlich-theoretisch belegt – um die Fixierung von Stufen politischer Lernprozesse bemüht[73], spricht in diesem Zusammenhang von „Einsichten" oder einer „politischen Anthropologie", weist allerdings gleichzeitig darauf hin, daß „hierin die angemessene Reflexionsstufe und -klarheit bisher noch nicht erreicht" sei; „die zentralen Fragen einer Didaktik Politischer Bildung sind zwar in Angriff genommen, ohne daß sie eindeutig geklärt wären"[75]. Ursache hierfür ist, daß die empirische Überprüfung fachdidaktischer Hypothesen kaum Fortschritte macht, was – vorausgesetzt, daß entsprechende Aufgabenstellungen bei den politischen Didaktikern der BRD überhaupt vorliegen – *Fischer* neben dem Mangel an Mitteln, Mitarbeitern und Instrumenten auf die „immer umfangreicher werdende Lehr- und Selbstverwaltungspflicht der Hochschullehrer, die für empirische Untersuchungen, ihre zeitraubenden Vorarbeiten und Auswertungen keine Zeit läßt"[76], zurückführt. Mit Recht, denn eine effektive theoretische und praktische Weiterentwicklung der Vermittlung politikwissenschaftlicher-didaktischer Inhalte kann nicht in mühsam vom Routinebetrieb der Hochschularbeit freigehaltenen „Ferien"-Pausen geleistet werden, sondern nur in konzentrierter, langfristig angelegter Forschungsarbeit.

1 Überlegungen zu den genannten Bereichen finden sich in meinen Beiträgen „Strukturprobleme der politischen Bildung", APuZ (= Aus Politik und Zeitgeschichte, Beilage zur Wochenzeitung „Das Parlament"), B 5/73, sowie „BRD – DDR. Elemente eines politischen Systemvergleichs", PuS (= Politik und Soziologie. Zeitschrift zur Gestaltung des politischen Unterrichts), Juli 1973.
2 Vgl. hierzu u. a. Otto Hondrich: Wirtschaftliche Entwicklung, soziale Konflikte und politische Freiheiten, Frankfurt/M. 1970, S. 150 ff.
3 Hondrich: Theorie der Herrschaft, Frankfurt/M. 1973, S. 35.
4 Frieder Naschold: Zur Politik und Ökonomie von Planungssystemen, in: PVS Sonderheft 4/1972, S. 13–53, 41.
5 Hondrich: Wirtschaftliche Entwicklung, a. a. O., S. 149.
6 Vgl. Naschold: Die systemtheoretische Analyse demokratischer politischer Systeme, in: PVS Sonderheft 2/1971, S. 3–39, 5 ff.
7 Vgl. hierzu H. Simons (Administrative Behavior, New York 1961, S. 38 ff., 240 ff.) Konzept der "bounded rationality". Zur Kritik an Simons unklarem politisch-gesellschaftlichem Theorierahmen s. mit Hinweisen auf Storing, Lindblom und Wildavsky: Naschold: Systemsteuerung, Einführung in die moderne politische Theorie, Bd. 2, Stuttgart-Berlin-Köln-Mainz, 2. Aufl., 1971, S. 75.
8 Vgl. Hondrich: (Herrschaft, a. a. O., S. 197), der allerdings weniger systembezogen argumentiert.
9 Vgl. hierzu die differenzierten Aussagen bei Claus Offe: Politische Herrschaft und Klassenstrukturen. Zur Analyse spätkapitalistischer Gesellschaftssysteme, in: Gisela Kress/Dieter Senghaas (Hrsg.): Politikwissenschaft. Eine Einführung in ihre Probleme, rev. Neuauflage, Frankfurt/M. 1973, S. 141.
10 Otwin Massing: Überlegungen zur Konstitutions-Problematik politischer Theorie, unveröff. Ms., April 1973.
11 Naschold: Die systemtheoretische Analyse, a. a. O., S. 4.
12 Vgl. hierzu Ernst-August Roloff: Die Grundrechte als Problem der Didaktik, in: APuZ B 1-2/72, S. 16–30, 21 f.
13 Der Hessische Kultusminister: Rahmenrichtlinien, Sekundarstufe I, Gesellschaftslehre, o. O., o. J. (1972). Von den Stellungnahmen vgl. Wolfgang Hilligen: Dreimal „Emanzipation". Ansätze für einen Vergleich der neuen Richtlinien für den politischen Unterricht in Hessen und Nordrhein-Westfalen sowie in Rheinland-Pfalz, in: Gegenwartskunde. Gesellschaft-Staat-Erziehung 22/1973, S. 271–289 (dort Hinweis auf weitere bisher vorliegende Stellungnahmen [S. 288]).
14 An Beispielen unter vielen sei hier hingewiesen auf Hermann Giesecke: Didaktik der politischen Bildung, 7. Aufl. (Neuausgabe) München 1972, S. 139 ff.; Kurt Gerhard Fischer (vgl. insbesondere seine Auseinandersetzung mit Heinrich Bußhoff in GSE (= Gesellschaft-Staat-Erziehung) 14/1969, S. 409 f. und GSE 15/1970, S. 260 ff.); Rolf Schmiederer (Zur Kritik der Politischen Bildung, Frankfurt/M. 1971, S. 32 ff. u. ö.); Klaus Wallraven/Eckart Dietrich (Politische Pädagogik. Aus dem Vokabular der Anpassung, München 1970); Klaus Mollenhauer (Erziehung und Emanzipation. Polemische Skizzen, 4. Aufl., München 1970, S. 102 u. ö.).
15 Vgl. die kritischen Anmerkungen von Wolf-Dieter Narr zu einer Politikwissenschaft ohne Politikbegriff (Logik der Politikwissenschaft –

eine propädeutische Skizze, in: Kress/Senghaas (Hrsg.), a. a. O., S. 17 ff.).

16 Giesecke: a. a. O., (Neuausgabe), S. 139.

17 Vgl. hierzu etwa Heinrich Bußhoff: Politikwissenschaft und Pädagogik, Berlin 1968. Zum Gesamtkomplex s. Rolf Schmiederer: Zwischen Affirmation und Reformismus. Politische Bildung in Westdeutschland seit 1945, Frankfurt/M. 1972.

18 Zu unterschiedlichen System-Ziel-Modellen s. Frieder Naschold: Demokratie und Komplexität, in: PVS 9/1968, S. 494–518, 499; ders.: Die systemtheoretische Analyse, a. a. O., S. 5 f.

19 Als Beispiel hierfür vgl. R. Schmiederer: Zur Kritik, a. a. O., S. 32 ff. Siehe hierzu meine Kritik in: Strukturprobleme, a. a. O., S. 25 ff. Als weiteres Beispiel eines emanzipatorischen Zielmodells für die politische Pädagogik vgl. Oskar Negt: Soziologische Phantasie und exemplarisches Lernen. Zur Theorie und Praxis der Arbeiterbildung, 2. Aufl. d. überarb. Neuausgabe, Frankfurt/M. 1971. Siehe zur kritischen Auseinandersetzung mit letzterem H. Giesecke, a. a. O. (Neuausgabe), S. 97–113.

20 Giesecke, a. a. O. (Neuausgabe), S. 139.

21 Vgl. zu diesem Begriff F. Naschold: Demokratie und Komplexität, a. a. O., S. 499. Naschold setzt diesen Begriff gegen das "system effectiveness modell" Etzionis ab, um damit eine größere Offenheit inhaltlicher Systemzielbestimmungen zu ermöglichen.

22 Vgl. hierzu auch entsprechende Versuche in den hessischen Rahmenrichtlinien für das Fach Gesellschaftslehre.

23 W.-D. Narr: Verbindliche Ausbildungsreform oder unverbindliche Reformrednerei, in: Was sollen Schüler lernen? Die Kontroverse um die hessischen Rahmenrichtlinien für die Unterrichtsfächer Deutsch und Gesellschaftslehre. Dokumentation einer Tagung der Gewerkschaft Erziehung und Wissenschaft, hrsg. v. Gerd Köhler und Ernst Reuter, Frankfurt/M. 1973, S. 79.

24 Vgl. hierzu Hilligen: Dreimal „Emanzipation", a. a. O.

25 Vgl. etwa Wilhelm Hennis: Politik und praktische Philosophie, Neuwied und Berlin 1963.

26 Hans Maier, Artikel „Politikwissenschaft", in: Fischer Lexikon „Staat und Politik", Frankfurt/M., Neuausgabe, 1968, S. 260.

27 Vgl. hierzu im Anschluß an R. Ashby (Design for a Brain, New York 1960) Frieder Naschold: Demokratie und Komplexität, a. a. O., S. 498.

28 Vgl. J. Habermas: Erkenntnis und Interesse, Frankfurt/M. 1969.

29 Vgl. hierzu F. Naschold: Politische Wissenschaft, Entstehung, Begründung und gesellschaftliche Einwirkung, Freiburg/München 1970, S. 35 ff.

30 Vgl. Dieter Oberndörfer: Politik als praktische Wissenschaft, in: ders. (Hrsg.): Wissenschaftliche Politik. Eine Einführung in Grundlagen ihrer Tradition und Theorie, Freiburg 1962, S. 9–58, 19.

31 Auf traditionell-ontologisierende Ansätze in der gegenwärtigen Politikwissenschaft wird an dieser Stelle nicht weiter eingegangen. Vgl. hierzu den Versuch einer ausgewogenen Darstellung bei Klaus von Beyme: Die politischen Theorien der Gegenwart. Eine Einführung, München 1972, S. 32–S. 43. Ferner Naschold: Politische Wissenschaft, a. a. O., S. 36 f.: Niklas Luhmann: Moderne Systemtheorien als Form gesamtgesellschaftlicher Analyse, in: J. Habermas/N. Luhmann: Theorie der Gesellschaft oder Sozialtechnologie – Was leistet die Systemforschung? , Frankfurt/M. 1971, S. 7–24, 9 f.; Narr: Theoriebegriffe und Systemtheorie, Einführung in die moderne politische Theorie, Bd. 1, 2. Aufl. Stuttgart-Berlin-Köln-Mainz 1971,

S. 41–44; ders.: Logik, a. a. O., S. 27 f.; Jörg Kammler: Politische Wissenschaft und Herrschaft – Zur Kritik der Konzeption einer „praktischen Wissenschaft von der Politik", in: Kritik der bürgerlichen Sozialwissenschaften, Das Argument 50, 1972, S. 159–173; ders.: Gegenstand und Methode der politischen Wissenschaft, in: Wolfgang Abendroth/Kurt Lenk (Hrsg.): Einführung in die politische Wissenschaft, 2. Aufl., München 1971, S. 9–24, 12 ff.

32 H. Giesecke: Didaktik der politischen Bildung, 4. Aufl. München 1969, S. 222. Trotz der völlig neu bearbeiteten Auflage von 1972 enthalten frühere Auflagen von Gieseckes „Didaktik" Konzepte, die für die weitere Diskussion in der politischen Pädagogik berücksichtigenswert bleiben. Erstaunlicherweise kommt Giesecke in seiner Neuauflage darauf nicht immer zurück. Im weiteren Verlauf unserer Überlegungen wird deswegen auch auf frühere Auflagen zurückgegriffen.

33 Als typischen und einflußreichen Beitrag dieser Richtung zur politischen Bildung vgl. Eduard Spranger: Gedanken zur staatsbürgerlichen Erziehung. Schriftenreihe der Bundeszentrale für Heimatdienst, Bonn 1957.

34 Talcott Parsons/Edward A. Shils (Hrsg.): Toward a General Theory of Action, New York, Evanston, London 1962 (Erstaufl. 1951), S. 107.

35 Parsons: Soziologische Theorie, hrsg. von Dietrich Rüschemeyer, Neuwied und Berlin 1964, S. 37.

36 Vgl. Parsons: Soziologische Theorie, a. a. O.; ders.: Die jüngsten Entwicklungen in der strukturell-funktionalen Theorie, in: KZfSS 16/1964, S. 30–49; Chandler Morse: The Functional Imperatives, in: Max Black (Hrsg.): The Social Theories of T. Parsons, Englewood Cliffs, N. J., 4. Aufl., 1964, S. 100–157; Joachim E. Bergmann: Die Theorie des sozialen Systems von T. Parsons, Frankfurt/M. 1967; Karlheinz Messelken: Politikbegriffe der modernen Soziologie. Eine Kritik der Systemtheorie und Konflikttheorie, Köln-Opladen 1968; Narr: Theoriebegriffe, a. a. O., S. 110 ff.

37 Parsons: Structure and Process in Modern Societies, Glencoe (Ill.) 1960, S. 38; ders.: The Present Position and Prospects of Systematic Theory in Sociology, in: G. Gurvitch/W. E. Moore (Hrsg.): Twenthieth Century Sociology, New York 1945, S. 61.

38 Vgl. hierzu Parsons: Die jüngsten Entwicklungen, a. a. O., S. 33 f.; ders.: The Political Aspects of Social Structure and Process, in: David Easton (Hrsg.): Varieties of Political Theory, Englewood Cliffs, N. J., 1966, S. 71–112, 107 f.

39 Niklas Luhmann: Funktion und Kausalität, in: ders.: Soziologische Aufklärung. Aufsätze zur Theorie sozialer Systeme, 2. Aufl., Opladen 1971, S. 14.

40 Luhmann: Theorie der Verwaltungswissenschaft, Köln-Berlin 1966, S. 66.

41 Luhmann: Grundrechte als Institution, Schriften zum öffentlichen Recht, Bd. 24, Berlin 1965.

42 N. Luhmann: Funktionale Methode und Systemtheorie, in: Soziale Welt, 15/1968, S. 23.

43 Vgl. Günther Schmid: Niklas Luhmanns funktional-strukturelle Systemtheorie: Eine wissenschaftliche Revolution? , in: PVS 11/1970, S. 186–218, 217/218. Vgl. weiterhin Werner Loh: Kritik der Theorieproduktion von N. Luhmann und Ansätze für eine kybernetische Alternative, Frankfurt/M. 1972.

44 Narr: Systemzwang als neue Kategorie in Wissenschaft und Politik, in: Atomzeitalter 1967, S. 400–412, 410.

45 Vgl. hierzu insgesamt die Beiträge von Theodor W. Adorno und Jürgen Habermas, in: Adorno u. a.: Der Positivismusstreit in der deutschen Soziologie, 2. Aufl., Neuwied und Berlin 1970. Weiterhin Jürgen Habermas, in: J. Habermas/N. Luhmann, a. a. O.; ders.: Legitimationsprobleme im Spätkapitalismus, Frankfurt/M. 1973; Hauke Brunkhorst: Wissenschaftskritik und sozialistische Praxis, in: Ästhetik und Kommunikation. Beiträge zur politischen Erziehung 3/1972, S. 58–82.

46 Vgl. Herbert Marcuse: Repressive Toleranz, in: R. P. Wolff/Barrington Moore/H. Marcuse: Kritik der reinen Toleranz, Frankfurt/M. 1966; ders.: Kultur und Gesellschaft, Bd. 1, Frankfurt/M. 1965, Vorwort; ders.: Vernunft und Revolution, Neuwied und Berlin 1962, S. 369 ff.; ders.: Konterrevolution und Revolte, Frankfurt/M. 1973.

47 Vgl. hierzu Mollenhauer, a. a. O.; R. Schmiederer: Zur Kritik, a. a. O.; Klaus Wallraven/Eckart Dietrich: Politische Pädagogik, a. a. O.; Oskar Negt, a. a. O.

48 Jürgen Habermas: Marxismus als Kritik, in: ders.: Theorie und Praxis, Neuwied-Berlin, 2. Aufl. 1967, S. 163 f.

49 Vgl. Naschold: Zur systemtheoretischen Analyse, a. a. O., S. 5 f.

50 Vgl. hierzu als Kritik von konservativer Seite Walter Bühl: Evolution und Revolution, München 1970, S. 23.

51 Vgl. Naschold: Demokratie und Komplexität, a. a. O., S. 499; ders.: Die systemtheoretische Analyse, a. a. O., S. 5 f.; Robert A. Dahl: A Preface to Democratic Theory, Chicago 1956, S. 2.

52 Vgl. hierzu als einen Beleg neben vielen Theodor W. Adorno: Soziologie und empirische Forschung, in: ders. u. a.: Positivismusstreit, a. a. O., S. 99.

53 Vgl. hierzu auch R. Schmiederer: Zur Kritik, a. a. O., S. 91 f., 128 f. u. ö.

54 Zur Bereitstellung politikwissenschaftlicher Theorien und Instrumente hierfür vgl. die knappe Gesamtdarstellung bei Frieder Naschold: Politische Wissenschaft, a. a. O.

55 Vgl. hierzu etwa die noch traditionell-geisteswissenschaftlichen Ansätze politischer Pädagogik zuzurechnenden, teilweise allerdings unverändert aktuellen Aussagen bei Erich Weniger: Politische Bildung und staatsbürgerliche Erziehung, 2. Aufl., Würzburg 1963, S. 27.

56 Vgl. Rudolf Engelhardt: Politisch bilden – aber wie?, Essen 1964; Karl Christoph Lingelbach: Der „Konflikt" als Grundbegriff der politischen Bildung, in: Pädagogische Rundschau, 21/1967, S. 48–55, 125–138.

57 Das politisch-didaktisch wichtige Prinzip der Aktualität hebt u. a. R. Schmiederer hervor (Zur Kritik, a. a. O., S. 101).

58 Didaktik der politischen Bildung, 4. Aufl., München 1969, S. 221 f.

59 Vorschläge für didaktische Kategorien zur Strukturierung von Inhalten und Intentionen der politischen Bildung, in: APuZ B 3/1970, S. 21.

60 Giesecke, a. a. O., 4. Aufl., 1969, S. 223.

61 R. Schmiederer: Zur Kritik, a. a. O., S. 127.

62 Willy Rehm: Politikunterricht und Gesellschaftskunde, in: Erich H. Müller/Willy Rehm/Rolf Nußbaum: Politikunterricht und Gesellschaftskunde in der Schule, Ulm 1971, S. 67.

63 Bernhard Sutor: Didaktik des politischen Unterrichts. Eine Theorie der politischen Bildung, Paderborn 1971, S. 56 ff. Hinsichtlich der wissenschaftstheoretischen Problematik des Gemeinwohlbegriffes sei hier nochmals auf obige Anm. 31 verwiesen. Zur Auseinandersetzung mit dem Gemeinwohlbe-

griff Sutors vgl. auch meinen Aufsatz „Politikwissenschaftliche und politisch-didaktische Grundkategorien, in: GSE, 17/1972, S. 302 f.

64 Vgl. hierzu meine Auseinandersetzung mit R. Schmiederer und W. Hilligen, in: Strukturprobleme, a. a. O., S. 25 ff.

65 Vgl. auch die hessischen Rahmenrichtlinien für das Fach Gesellschaftslehre, a. a. O., S. 7.

66 Soziologische Phantasie, a. a. O., S. 97 ff.

67 Industriearbeit und Arbeiterbewußtsein, Forschungsprojekt des RKW: Wirtschaftliche und soziale Aspekte des technischen Wandels in der BRD, Bd. 8, Teil I, Frankfurt/M. 1970, S. 285.

68 A. a. O., Teil II, S. 47, A. 21.

69 A. a. O., Teil I, S. 285.

70 Negt, a. a. O., S. 117.

71 Ebenda, S. 18.

72 Vgl. hierzu seinen Standpunkt, daß nur die von ‚links' kommende Kritik für die Weiterentwicklung seiner Konzeption der Arbeiterbildung relevant sei (ebenda, S. 7).

73 Ebenda, S. 43.

74 Kurt Gerhard Fischer: Das Exemplarische und der Politische Unterricht, in: ders.: Überlegungen zur Didaktik des Politischen Unterrichts, Göttingen 1972, S. 50.

75 Ebenda, S. 62.

76 Ebenda, S. 120, A. 60.

*Hagen Weiler*

# Zur Theorie und Praxis politischen Unterrichts

Ein sozialwissenschaftlicher Studiengang, der unter dem Anspruch steht, auf die Praxis des politischen Unterrichts vorzubereiten, um diese Praxis im Interesse der Lernenden zu verändern, hat sich nicht nur mit Zielen, Inhalten und Formen auseinanderzusetzen, sondern in gleicher Weise einzugehen sowohl auf die institutionellen Bedingungen der Schule als auch auf die Voraussetzungen der Schüler zu politischem Lernen.

In der Konzeption des politischen Unterrichts ist m. E. die bisher vorherrschende Praxis zu überwinden, die sich in der Bundesrepublik entwickelt hat:

a) aus einer im Ergebnis politisch entmündigenden Partnerschaftserziehung, die durch Reduktion auf eine personalisierende und moralisierende „Bewältigung der Vergangenheit" geeignet war, von der historischen Analyse der gesellschaftlichen Ursachen des Nationalsozialismus abzulenken, in der BRD den Prozeß der Restauration alter Macht-Eliten in Wirtschaft und Verwaltung nicht in Frage stellte und stattdessen „Soziale Partnerschaft" und „Soziale Marktwirtschaft" propagierte[1];
b) aus einem pluralistischen Konfliktmodell und seinen formalisierten Kategorien Interesse, Macht und Konflikt, mit denen sich politische Oberflächenspannungen griffiger als im Rahmen des Partnerschaftsgedankens unterbringen ließen, indem sie den demokratietheoretischen Intentionen folgten, die *Ernst Fraenkel*[2] und *Ralf Dahrendorf*[3] verbreitet hatten und die ebensowenig wie *Kurt Sontheimer*[4], *Wilhelm Hennis*[5] und auch *Thomas Ellwein*[6] zu einer Analyse klassenbedingter Antagonismen durchstießen, noch dem politischen Unterricht alternative, handlungsorientierte Perspektiven eröffnen konnten und wollten.

In diesen Grenzen bewegten sich auch die ersten Ausgaben von *Hermann Giesecke*s „Didaktik der politischen Bildung"[7] (1965–1969), welche nach *Oetinger*s Partnerschaftserziehung[8] (1951–1953) maßgeblich eine zweite Phase in der Entwicklung der politischen Bildung gespielt haben.

Ich kritisiere vor allem die in *Giesecke*s Didaktik vorgenommene Trennung von Denken und Handeln, über die auch sein Terminus

„Aktivitätsgehalt des Denkens"[9] nicht hinweghelfen kann. Auch in der neuesten Ausgabe seiner „Didaktik zur politischen Bildung" (1972) entwickelt *Giesecke* keine Strategie, wie und wo der dem Denken entsprechende Anstoß zum politischen Handeln von den Schülern kommen könne.

Schon vor *Gieseckes* letztem didaktischen Versuch hatte *Rolf Schmiederer* eine entschiedene „Kritik der politischen Bildung" (1971) vorgelegt, dessen Zielsetzung ich teile: „Das reflektierte gesellschaftliche Engagement, das . . . aus den Interessen des Einzelnen entsteht, die zugleich die Interessen anderer sind . . . (für) eine Gesellschaft mit mehr Demokratie, weniger Repressionen und Entfremdung."[10] Viel mehr als einen relativ voluntaristisch-utopischen Ansatz im Anschluß an Herbert Marcuse trägt Schmiederer jedoch nicht vor. Es fehlt bei ihm eine historisch konkret abgeleitete Realanalyse der politischen und ökonomischen Rahmenbedingungen von Schule und Erziehung in der Bundesrepublik.

Ebenso bringt sich *Schmiederer* für die Praxis des politischen Unterrichts nur in eine „relative Nähe"[11] zu den Schülern. Zwar erkennt er „den engen Zusammenhang zwischen Lernen und Erfahrung . . . Mündigkeit und Engagement werden nicht durch Wissensvermittlung allein erreicht, sondern bedürfen der Ergänzung durch praktische Aktivität und deren Reflexion."[12] Dennoch diskutiert er keinerlei Möglichkeiten der von ihm selbst als unerläßlich erkannten „praktischen Aktivität" für die Schüler und zieht sich ähnlich wie *Giesecke*[13] auf die Maxime der kritischen Rationalität[14] zurück. *Schmiederer* stellt sich an keiner Stelle der Frage, wo in der anscheinend ausweglos repressiven Schulrealität die Schüler eigentlich ein alternatives politisches Bewußtsein erwerben sollen, er beläßt es bei dem rein negativen Hinweis auf „die inadäquate Spielerei der SMV."[15]

Ich folge dem Grundgedanken in *Ernst-August Roloffs* „Erziehung zur Politik" (1972), die ihre emanzipatorische Zielsetzung aus den Grundrechten der Verfassung ableitet und konkret auf das Hemmnis der „Schule als Institution des Staates" hinweist, die „in sich einen fundamentalen Widerspruch enthält: sie ist 1. ein Teil der Herrschaftsordnung, der dazu bestimmt ist, diese Ordnung zu erhalten und zu stabilisieren und 2. ein Raum, in dem der heranwachsende Staatsbürger zur Selbstbestimmung befähigt werden soll, mit anderen Worten zum Abbau von Herrschaft."[16]

Für mich folgt daraus: Wenn die Schüler nicht auch noch im und durch den politischen Unterricht länger fremdbestimmte Objekte bleiben sollen, dann muß dieser Unterricht selbst Gegenstand ihrer verändernden Bemühungen werden können[17]; d. h. die Schüler sollten die Chance erhalten, möglichst selbständig, Inhalte und Formen ihres politischen Lernens herauszufinden und begründet zu entscheiden. Wenn sie es nicht einmal lernen, die Bestimmung ihrer politischen Lernprozesse (im Unterricht) als eigenständige Diskussionsprozesse zu strukturieren, dann wird auch das Postulat späterer Selbst- und Mitbestimmung kaum eingelöst werden können. Ohne die Praxiserfahrung alternativen politischen Unterrichts fehlt den Schülern ein Prüffeld zur Überwindung organisierter Widerstände. Am Modell ihres eigenen reflektierten, alternativen und solidarischen Widerstandes gegenüber fremdbestimmten Leistungszwängen und herrschaftsorientierten Disziplinierungsmechanismen im Unterricht können sie begreifen lernen, daß die Schule und die Veränderung ihrer Bedingungen kein Selbstzweck zu sein braucht, sondern die psychische Reproduktion von Herrschaft durchbrechen kann, wenn es gelingt, die in der politischen Konfrontation unerläßlichen Fertigkeiten der individuell und kollektiv erprobten Frustrationstoleranz, der taktischen Flexibilität (nicht zuletzt in Bündnisfragen) und der strategischen Konsequenz zu erwerben, die Rückschläge überwindet und bei (teilweisen) Erfolgen nicht stehenbleibt.

Dabei besteht jedoch vor allem das Problem, bei den meisten unfrei erzogenen Schülern die erheblichen Ängste und Widerstände gegenüber alternativen Lern- und Denkimpulsen zu überwinden, sie also gewissermaßen gegen ihre eigene psychische und intellektuelle Entwicklung operieren zu lassen.

Wenn ihre emotional-kognitiven Dispositionen in ihrer Bedeutung für ihr Denken als „Probehandeln" (*S. Freud*) aktiviert werden soll, in dem Sinne, daß Denken den Anstoß der positiv erlebten Erfahrung voraussetzt oder sie zumindest gedanklich antizipiert, dann kommen sich emanzipierende Schüler nicht umhin, ihre Hemmnisse zu verbalisieren und danach zu fragen, welche psychischen Strukturen auf dem Hintergrund ihrer sozialökonomisch bedingten Berufs- und Wohnverhältnisse entstanden und fixiert sind. Sie sind angewiesen auf die positive Erfahrung, daß die Diskussion ihrer Probleme Anerkennung findet und in der Entdeckung des gemeinsamen sozialökonomischen Nenners in eigener und fremder Biographie der Sprung von der subjektiven Befindlichkeit in die politische Dimension möglich ist.

Auch bei diesen Anregungen wird der Lehrer auf Unlust und Ängste der Schüler stoßen, deren Widerwillen, ihre unbefriedigenden und entmutigenden Erziehungsbedingungen bewußt zu machen und damit sie psychisch noch zu verdoppeln, sie in der Regel zu kompensierenden Fluchtversuchen treibt.

Ich sehe für den dennoch emanzipationswilligen Lehrer keine andere Möglichkeit, als die Schüler immer wieder anzustoßen, gerade diese ihre Widerstände gegenüber der Analyse ihrer eigenen Situation zu diskutieren und sie ihre Fluchtbewegungen als Scheinbefriedigungen und Surrogate entdecken zu lassen.

Ein Weg dahin kann gruppendynamisch orientierter politischer Unterricht eröffnen, in dessen angstfreier Atmosphäre es jedoch nicht darauf ankommt, das Verhalten einzelner oder von Gruppen um ihrer selbst willen transparent zu machen, sondern in ihrer gesellschaftlichen Zuordnung als Funktionsträger fremder Interessen.[18]

Die Versuche derartig tiefgreifender Umorientierungsprozesse verlangen tatsächlich ein forschendes und handelndes (weil eigene und fremde Widerstände überwindendes) gesellschaftskritisches Lernen, das die Bedingungen politischer Sozialisation in Familie und Schule in ihren Konsequenzen am Beispiel der eigenen Biographie zu analysieren hat und zugleich (zumindest modellhaft) vorbereitet auf alternative Formen individueller und kollektiver Mitbestimmung im Beruf. Gerade die hier zugrundegelegte Konzeption bedarf der historisch-gesellschaftsanalytisch und wissenschaftstheoretisch begründeten Zielsetzung des Lehrers, welcher der politischen Funktionsbestimmung nicht ausweichen kann.

Weder die kritische Aufarbeitung der politischen Sozialisation der Schüler, noch ihre Vorbereitung auf ihre aktive Teilnahme an Demokratisierungsprozessen in Wirtschaft und Verwaltung lassen sich abtrennen von der Feststellung und Erklärung der konkreten Produktions- und Distributionsverhältnisse, aus denen deutlich wird, daß es eine individuelle Emanzipation nicht gibt. Wenn das sozialstaatliche Demokratiegebot des Grundgesetzes realisiert werden soll, dann muß politischer Unterricht und seine Vorbereitung für kollektives und solidarisches Handeln qualifizieren, das privater Gewinnmaximierung und öffentlicher Herrschaft auf allen Ebenen, also auch schon im Ausbildungsbereich, konkrete Alternativen gesellschaftlicher Kontrolle entgegensetzt.[19]

Die an dieser Stelle zu treffende Grundentscheidung und ihre politische Durchsetzung läuft zwar letzten Endes auf die Machtfrage hinaus, wo die handelnden oder tolerierenden Mehrheiten stehen werden; sie sollte jedoch in der politisch-didaktischen Diskussion u. a. nicht der verfassungsrechtlich-argumentativen Hilfen entbehren, die sich für die wissenschaftlich legitimierte Überzeugungsarbeit anbieten, mit der allein langfristig demokratisch orientierte Mehrheiten zu gewinnen sind.

Dazu an dieser Stelle nur zwei kurze Hinweise:

Gewährleistet sind im Grundgesetz lediglich allgemeine, unmittelbare, freie, gleiche und geheime Wahlen[20] (und durch Rechtsprechung des Bundesverfassungsgerichts[21] deren periodische Wiederholung). Aus der Beschränkung der Volksabstimmung für den Fall der Neugliederung des Bundesgebietes in Art. 29 GG und aus dem rechtlichen Verbot des imperativen Mandats für Bundestagsabgeordnete in Art. 38, I, 2 GG läßt sich der Schluß ziehen, daß der Verfassungsgeber das Prinzip der parlamentarisch-repräsentativen Demokratie hat festschreiben wollen, verbunden mit dem Grundsatz der Gewaltenteilung.

Ähnlich zeigen der Wortlaut des Art. 20, I GG (wie auch die Rechtsprechung des Bundesverfassungsgerichts[22] zwar „ein eindeutiges Bekenntnis zum Sozialstaat, jedoch nicht für eine bestimmte Sozialordnung ... Das Grundgesetz enthält entsprechend seiner weitgehenden Zurückhaltung in Fragen der Wirtschaftsverfassung und Wirtschaftsgestaltung ... unmittelbar keine Regelung." Nach der Intention des Parlamentarischen Rates sind also räte-demokratische Entwicklungen nicht vorgesehen, obwohl sie rechtstheoretisch durch die Rechtsprechung des Bundesverfassungsgerichts zur Bestimmung der „freiheitlich-demokratischen Grundordnung"[23] prinzipiell weder explicit noch implicit ausgeschlossen sind. V. Oertzen[24] hat überzeugend nachgewiesen, daß die Prinzipien der freiheitlich-demokratischen Grundordnung: Achtung vor den Menschenrechten, Volkssouveränität, Verantwortlichkeit der Regierung, Gesetzmäßigkeit der Verwaltung, wie auch Gewaltenteilung und Unabhängigkeit der Gerichte mit der radikaldemokratischen Konzeption des Rätemodells durchaus zu vereinbaren sind. Politisch jedoch sehen sich Demokratisierungsbestrebungen augenscheinlich zumindest mittelfristig verwiesen auf den Ausbau innerparteilicher[25] und innergewerkschaftlicher Willensbildung von unten nach oben. Dagegen erscheint ein politisch-ökonomischer Fortschritt in Richtung auf einen demokratischen Sozialismus[26] hin durchaus zulässig. Gemeint ist damit das Ziel „der gemeinsamen Kontrolle aller am gemeinschaftlichen Produktionsprozeß" (und Distributionsprozeß) „beteiligten Glieder der Gesellschaft, deren oberste Entscheidungseinheit der Staat ist, ... der als die Genossenschaft seiner Bürger zu verstehen ist"[27], in dem mit anderen Worten demokratische Willensbildung und Gleichheitssatz auch in Wirtschaft und Verwaltung materiell verwirklicht sind.

Dementsprechend liegt es nahe, die politische Bildungsarbeit in Schule (und Hochschule) zu orientieren an der Thematisierung einer parteilichen und gewerkschaftlichen Organisierung, die nicht bei langfristig untauglichen Versuchen stehenbleibt, lediglich Lohnquoten zu sichern und subsidiäre sozialpolitische Entlastungen zu bringen, so wichtig das auch ist, sondern die überbetriebliche Mitbestimmung und Basisdemokratie[28] in Fabriken, Büros und Schulen anstrebt und dabei auch potentielle Bündnisstrategien diskutiert mit sozial-liberalen Gruppierungen, vor allem in den Massenmedien, zugunsten einer kapitalismusüberwindenden, nichtbürokraitschen, konsequenten Reformpolitik. Wenn diese gesellschaftliche Perspektive nicht politischer Dezisionismus, unwissenschaftliche Indoktrination oder idealistischer Appell bleiben soll, dann dürfen sozialistische Gesellschaftsanalysen und radikaldemokratische Modelle nicht abstrakt bleiben.

Zunächst einmal bedürfen sie schon begriffsnotwendig der Alternativen-Diskussion, bei der es sich von selbst verstehen sollte, daß gerade eine auf Demokratisierung der Gesellschaft hin angelegte Ausbildungsstrategie an jedem Punkt angewiesen ist auf die intersubjektiv überprüfbare Offenlegung ihrer Erkenntnisinteressen und Methoden.

Zum zweiten haben theoretische Modelle keinen Eigenwert. Um einen engen Theorie-Praxis-Bezug zu gewährleisten, sollte der Vergleich verschiedener gesellschaftsanalytischer und wissenschaftstheoretischer Untersuchungsansätze unter dem Aspekt ihrer didaktischen Konsequenzen strukturiert werden, d. h. sie sind konkret zu beziehen auf die Parteilichkeit des Lehrers, die sich objektiv ergibt aus den sozioökonomischen und -kulturellen Voraussetzungen seiner Sozialisation, aus dem ökonomischen Verwertungszusammenhang des Ausbildungssektors wie aus den staatlich-institutionellen Zwängen seines Beamtenstatus. Ohne Alternativ-Überlegungen und -Strategien zu diesen Zwängen in der Schule hängt jede Theorie emanzipatorischen politischen Unterrichts in der Luft, wenn z. B. konkret vom einzelnen Lehrer verlangt wird, klar die Partei der Arbeiterkinder zu ergreifen, ihnen kognitive und emotionale Hilfen zur Selbsthilfe anzubieten, sie nicht in gesellschaftlicher und politischer Apathie zu belassen, sondern sie vorzubereiten auf effiziente, gewerkschaftliche und parteiliche Interessenvertretung, eine Forderung, der unter den aktuell gegebenen Umständen der Schulorganisation realistischerweise wohl nur in der außerschulischen politischen Bildungsarbeit entsprochen werden kann.

Über die Widerstände gegen eine demokratisch-sozialistische Organisation politischen Unterrichts (welche notwendigerweise auch einen stufenweisen Abbau bürokratischer Fachaufsicht bedingt), zunächst vor allem durch die Administration selbst (deren Tätigkeit im

Interesse ihrer eigenen Kompetenzsicherung auf Konfliktvermeidungsstrategien angelegt zu sein scheint), dann aber auch bei konservativen Partei-, Verbands-, und Elternvertretern und ihren Schützenhelfern in nichtliberalen Kommunikationsorganen, sind nach den bekanntgewordenen Fällen der Disziplinierung linksoppositioneller Lehrer[29] und nach den Konsequenzen der sog. Radikalenbeschlüsse[30] keine Illusionen mehr möglich. Es hat sich erwiesen, daß jedes Einzelkämpfertum, noch dazu ohne rechtlich-politische Vorbereitung, in die Sackgasse führen muß. Dieses Ergebnis kann bloßen „Seminarrevolutionären" nicht deutlich genug hinter die Ohren geschrieben werden. Jahrelang sind oppositionelle Lehrer, die wegen ihres alternativen politischen Unterrichts in Konflikte mit Kollegen, Schülereltern und Schulverwaltungsbeamten geraten waren, in ihrer Isolierung alleingelassen worden. Ihre Bitten um eine wissenschaftlich vorbereitete, politisch-solidarische Strategie in Schulkonflikten fanden kaum ein Echo in den Hochschuldiskussionen, deren Praxisbezug meist über verbal-radikale Deklamation nicht hinauskam. Wenn ernsthaft an einer praxisverpflichteten demokratisch-sozialistischen Konzeption politischen Unterrichts festgehalten werden soll, dann ist von einer mit wissenschaftlichen Methoden erarbeiteten Realanalyse der institutionellen Bedingungen der Schule auszugehen, in deren Mittelpunkt vor allem folgende konkreten Ordnungsschemata und Fragestellungen stehen sollten:

Für den Lehrer gilt nicht das Grundrecht des Hochschuldozenten, die Freiheit von Forschung und Lehre aus Art. 5, III GG[31]; Unterrichtsziele, -stoffe, -mittel und -verteilung sind weitgehend durch Landesverfassungen, Schulgesetze, Richtlinien, Stoffpläne und Konferenzbeschlüsse festgelegt. Als Beamter erfüllt der Lehrer „hoheitsrechtliche" Aufgaben (wie ein Verwaltungsbeamter, der Verwaltungsakte erläßt); er steht in einem öffentlich-rechtlichen Dienst- und Treueverhältnis, d. h. in einem Weisungs- und Unterordnungsverhältnis gegenüber Vorgesetzten, die er sich nicht auswählen kann. Aus dem Personalvertretungsgesetz erwachsen ihm kaum mehr als Anhörungsrechte.[32] Nach „herrschender"[33], wenn inzwischen auch mit guten Gründen bestrittener[34] Meinung steht seiner gewerkschaftlichen Organisation kein Streikrecht zu. Wie soll er unter diesen Bedingungen Schüler zu politischer Kritik- und Handlungsfähigkeit motivieren, denen ebenfalls im Rahmen der Schülermitverwaltung in den zentralen Fragen der Unterrichtsplanung und Schulorganisation wie bei den Zensuren höchstens Anhörungsrechte zustehen?[35]

Welche Rechte sollten Lehrern und Schülern zustehen, um ihren politischen Bildungsauftrag erfüllen zu können, und wie könnten diese Rechte erreicht werden?

Welche politischen und rechtlichen Hilfen können entwickelt werden zugunsten der (angehenden) Lehrer, die betroffen sein können von den „Grundsätzen zur Frage der verfassungsfeindlichen Kräfte im öffentlichen Dienst" vom 28. Januar 1972?

Wie sollte eine demokratische Schulorganisation strukturiert sein? [36]

Welche rechtlich-politischen Möglichkeiten bestehen, die Schule zu demokratisieren?

Welche politisch-rechtlichen und auch gruppendynamischen Politisierungs- und auch Solidarisierungsstrategien, in die Kollegen, Eltern und Schüler als Bündnispartner miteinbezogen werden können, lassen sich schon in der Ausbildung der Lehrer entwickeln und modellhaft erproben gegenüber Bürokratien, die auf der Grundlage obrigkeitsloyaler Beamtengesetze in einem weitgehend parlamentarisch nicht kontrollierten Ermessensspielraum einzelne Lehrer im Konfliktfall bis in Details hinein reglementieren und kontrollieren können?

In die wissenschaftliche Vorbereitung politischer Unterrichtspraxis und ihrer Veränderung gehört die zweite strukturierende Überlegung, die auf den Abbau kognitiv-emotionaler Einschränkungen aus der klassen- und schichtenspezifischen Sozialisation der Schüler (und Lehrer) zielt.

Der Lehrer, der sich um die Initiierung emanzipatorischer Lernprozesse von Schülern bemüht, wird sehr rasch gegenüber alternativen politischen Lern- und Denkimpulsen auf Hemmungen und Widerstände treffen, die nur zum Teil aus den Rahmenbedingungen der Schule, ihren Leistungs- und Disziplinierungszwängen, zu erklären sind. Wenn das Ziel politischer Emanzipation in Beziehung zu den sozialpsychischen Dispositionen der Lernenden gebracht werden soll, so ist nicht zuletzt nach den Strukturen zu fragen, die vor allem in der frühkindlichen Phase angelegt zu werden scheinen[37], und nach ihrem Einfluß auf spätere Kommunikationsfähigkeit, Bewußtseinsbildung und Aktionsbereitschaft.

Zu untersuchen ist, ob und inwieweit die primären Sozialisierungsprozesse die subjektiven Voraussetzungen schaffen zu politischem Lernen und Handeln, d. h. wie unverarbeitete Triebkontrolle, Identifizierung mit versagenden Bezugspersonen, autoritäre Fixierung und Isolierung elementare Anstöße zu rationaler, individueller und solidarischer Selbstbestimmung festlegen können. Dabei wird nicht einer biologistisch-mechanistischen Trieblehre zu folgen sein und ihrem ahistorischen, gesellschaftlich unreflektierten Konservatismus. Unter dem Anspruch Psychoanalyse als kritische Sozialwissenschaft[38] sind die politisch-ökonomischen Prozesse der Ausbeutung, Unterdrückung und Manipulation in ihren wechselseitigen Verflechtungen mit edukativen Deformationen zu kennzeichnen mit dem Ziel, gedankliche Korrekturprozesse[39] politischer Sozialisation in Erziehung (und Ausbildung) in Gang zu bringen.

Solange die angehenden sozialwissenschaftlichen Lehrer ihre eigene Sozialisation nicht gesellschaftskritisch aufgearbeitet haben, so daß sie auch am Beispiel ihrer eigenen Erziehung und Ausbildung Vorurteilsstrukturen und Wiederholungszwänge veranschaulichen und erklären können, solange erkennen sie weder den Hintergrund der kognitiven und verhaltensbestimmenden emotionalen Dispositionen, deren kritische Bewußtseinserhellung bei sich und den Schülern die subjektiven Voraussetzungen zu verhaltensändernden, befreienden Denkprozessen und Aktionen bildet, noch ermitteln sie die gesprächsweisen Anknüpfungspunkte in der Überwindung der Angstbarrieren bei den Kollegen, die in jedem Demokratisierungsversuch der Schule einen Angriff auf ihre Person erblicken.

Der besondere Stellenwert der beiden Themenbereiche Institution Schule und Sozialisation von Schülern und Lehrern in ihrem politisch-ökonomisch-sozialpsychologischen Zusammenhang liegt darin, daß sie nicht nur Rahmen und Basis politischen Unterrichts sind, sondern zugleich auch zu seinen fundamentalen Gegenständen gehören könnten und sollten.

Während in dem weitgehend noch ungezielten Prozeß familialer Sozialisation Anpassung an tradierte Verhaltensweisen durch Liebeszuwendung und Liebesentzug vor allem bei sozialökonomisch privilegierten, bürgerlich-liberalen Eltern zunehmend Spielräume auch zu alternativen Selbstbestimmungsformen eröffnen, lassen sich an der fortschreitenden schulischen Verabsolutierung des Leistungsgedankens strukturelle Interessenhomogenitäten zwischen Kapital[40] und Bürokratie ablesen.

Erst auf der Grundlage der nicht nur theoretisch abgeleiteten, sondern auch im konkreten Berufsfeld des Lehrers empirisch ermittelten Voraussetzungen und Bedingungen politischer Lernprozesse läßt sich eine praxisverpflichtete und praxisverändernde Konzeption politischer Bildung mit Studenten erarbeiten. Nur aus ihrer eigenen Analyse ihrer antizipierten tatsächlichen beruflichen Betroffenheit ergeben sich für sie wirklich verbindliche Antworten auf die Fragen, ob und in welcher Richtung und unter welchen (auch privaten) Verzichten und Risiken sie die vorgefundene Organisation politischen Unterrichts verändern können und wollen.

Auch der Hochschullehrer kann den Lehrerstudenten nicht ihre theoretische und praktische Informations- und Erkenntnisarbeit abnehmen, erstens gesellschaftlich determinierte Entfremdungszwänge sozial- und selbstkritisch aufzudecken, als Voraussetzung zu analogen Lernprozessen der Schüler, zweitens die organisationssoziologischen und politisch-rechtlichen Rahmenbedingungen von Schule und Unterricht so realitätsnahe wie möglich in ihren Grenzen und möglichen Verschiebungen zu analysieren sowie didaktisch aufzuarbeiten und drittens ebenfalls in einem didaktischen Verwertungszusammenhang sich in kooperativem und solidarischem Kleingruppentraining psychisch zu stabilisieren für die politischen Auseinandersetzungen, die in der Schule personell durchgehalten werden müssen, wenn an der Maxime emanzipatorischen politischen Unterrichts festgehalten werden soll, der erst in seiner Qualifizierung auf gewerkschaftliches und parteiliches Engagement und Organisation am Arbeitsplatz[41] zur Basis-Demokratisierung beitragen kann.

Auf die Fragen nach Inhalten, Formen und Bedingungen politischen Unterrichts fasse ich thesenhaft zusammen:

1. Politische Emanzipation in der Schule ist nicht möglich ohne einen stufenweisen Abbau der (noch) gegebenen institutionellen fremdbestimmten Bedingungen politischen Unterrichts, die von Schülern und Lehrern erarbeitet und gegen Widerstände durchgesetzt werden muß.
2. Subjektive Voraussetzung politischer Emanzipation ist die tiefgreifende Umorientierung ihrer psychischen und kognitiven Dispositionen in einem ständigen Prozeß von forschendem und handelndem, gesellschaftskritischem Lernen, das die Bedingungen politischer Sozialisation auf dem Hintergrund der familialen Berufs- und Wohnverhältnisse sowie der fremdbestimmten Leistungszwänge in der Schule herausgearbeitet und zugleich (zumindest gedanklich antizipierend) einübt und vorbereitet auf alternative Formen politischer Mitbestimmung in Ausbildung und Beruf.
3. Politischer Unterricht bedarf der kritischen Loyalität gegenüber dem Verfassungsauftrag des demokratischen und sozialen Rechtsstaats unter der langfristigen Perspektive des demokratischen Sozialismus und den mittelfristigen Strategien einer Kapitalismus überwindenden, nichtbürokratischen, konsequenten Reformpolitik.

   Er zielt auf
   - kritische Distanz gegenüber ökonomischer Ausbeutung, politischer Unterdrückung und manipulativer Entmündigung,
   - reflektiertes gesellschaftliches Engagement und Klassensolidarität durch Vorbereitung auf gewerkschaftliche und parteimäßige Organisation.
   - Er bedient sich eines juristisch-politischen und gruppendynamischen Solidaritätstrainings.

*Rahmenthemen zu seinem Studiengang für Lehrerstudenten mit dem Schwerpunkt ‚Gesellschaftslehre'* *

| Theorie | Geschichte | Wirtschaft | Staat | Familie/Schule/Unterricht |
|---|---|---|---|---|
| Wissenschaftstheorien, (log. Empirismus, historisch-dialektischer Materialismus, psychoanalytische Ansätze u. a.) Theorie- und Praxisbezug | Bürgerliche und sozialistische Revolutionen | Arbeitsteilung und Hierarchien im Produktionsprozeß | Verfassungsnorm und Verfassungswirklichkeit (Rechts- und Sozialstaat, Grundrechte) | Schichtenspezifische fam., schulische Sozialisation (Projekt) (Arbeits- u. Wohnbedingungen von Schülereltern, Erziehungsinhalte u. -formen; Motivationen u. Hemmungen polit. Lernens u. Denkens (z. B. autoritäre Fixierungen, Ängste, Sprachbarrieren) |
| Gesellschaftssysteme (Kapitalismus/Sozialismus/Übergangsgesellschaften) | Imperialismus/Faschismus, Geschichte der Arbeiterbewegung | Wirtschaftspolit. Institutionen u. Entscheidungsprozesse | Parlametarismus und Parteien | Gruppendynamik u. Kommunikationsprozesse in der Klasse |
| Demokratiemodelle (Parlamentarisch-repräsentative und Rätedemokratie, Mischformen) | Entstehung und Entwicklung der Bundesrepublik Deutschland /Deutsche Demokratische Republik | (Gewerkschaften/Unternehmer, Arbeitsgerichte, Betriebsverfassungs-, Tarifvertrags-, Personalvertretungsgesetz) | Alternative Formen politischer Partizipation | Schulgesetze u. Beamtenstatus der Lehrer; Interessenvertretung der Schüler (u. Eltern) (Projekt) |
| Geschichte und Theorien der politischen Bildung | Sozialgeschichte der Schule | Mitbestimmung / Arbeiterselbstverwaltung | Internationale Beziehungen und „Dritte Welt" | Richtlinien, Lehrbücher u. Medien zum polit. Unterricht (Projekt) |
| | | Investitions-/Preiskontrollen | | Unterrichtsmodelle (Projekt) (Mitbestimmung in Schule, Betrieb u. Verwaltung) |
| | | Umweltvergiftung, Werbung | | |

* Die Unterteilung in fünf bereiche ist lediglich zur Übersichtlichkeit vorgenommen worden. Im Ausbildungsgang selbst sollten die Themen im Zusammenhang ihrer wissenschafts- und gesellschaftstheoretischen sowie historisch-, politisch-ökonomischen Zuordnung unter dem Gesichtspunkt ihrer Verwertung in Schule und Unterricht behandelt werden, wobei lediglich unter arbeitsteiligen Gesichtspunkten bestimmte Ausdifferenzierungen zweckmäßig erscheinen.

1 Zur Entwicklung der politischen Bildung in der BRD bietet den umfangreichsten Gesamtüberblick Rolf Schmiederer, Zwischen Affirmation und Reformismus, Frankfurt 1972; die ideologischen Zusammenhänge zwischen „Sozialer Marktwirtschaft" und Partnerschaftserziehung hat Alois Andiel, Politische Bildung und Private Macht, Stuttgart 1971, treffend herausgearbeitet.
2 Vgl. bes. Ernst Fraenkel, Der Pluralismus als Strukturelement der freiheitlich-rechtsstaatlichen Demokratie, München und Berlin 1964.
3 Vgl. bes. Ralf Dahrendorf, Gesellschaft und Freiheit, München 1961, insbes. S. 124 ff.
4 Kurt Sontheimer, Politische Bildung und Verfassungswirklichkeit, in: Zeitschrift für Pädagogik, 1963, S. 274 ff.
5 Wilhelm Hennis, Motive des Bürgersinns, in: Festgabe für Carlo Schmid, Frankfurt 1967, S. 98 ff.
6 Thomas Ellwein, Politische Verhaltenslehre, Stuttgart 1964, insbes. S. 33 ff.
7 Hier zugrundegelegt: Hermann Giesecke, Didaktik der politischen Bildung, München 1968, vgl. bes. den Anhang.
8 Friedrich Oetinger, Partnerschaft – Die Aufgabe der politischen Erziehung, Stuttgart 1953, vgl. bes. S. 77 ff., 85 ff., 141 ff.
9 Hermann Giesecke, a. a. O., S. 63.
10 Rolf Schmiederer, Zur Kritik der politischen Bildung, Frankfurt 1971, S. 32 ff., 44 ff.
11 Ders., a. a. O., S. 104.
12 Ders., a. a. O., S. 54.
13 Ders., a. a. O., S. 228, 229.
14 Schmiederer, a. a. O., S. 55.
15 Ders., a. a. O., S. 100.
16 Ernst-August Roloff, Erziehung zur Politik, Göttingen 1972, S. 12 ff., 52 ff., 125 ff.
17 Vgl. Roloff, a. a. O., S. 24 und S. 52 ff.; ebenso Hagen Weiler, Politische Emanzipation in der Schule. Zur Reform des politischen Unterrichts, Düsseldorf 1973, S. 181; vgl. auch: Der Hessische Kultusminister, Rahmenrichtlinien, Sekundarstufe I, Gesellschaftslehre, S. 10.
18 Vgl. Kurt Fackiner, Zur Didaktik des politischen Unterrichts, in: Handbuch des politischen Unterrichts, Frankfurt 1971, S. 10; ebenso Walter Giere, Gruppendynamik und politische Bildung in: Klaus Horn, Gruppendynamik und der ‚subjektive Faktor'. Repressive Entsublimierung oder politisierende Praxis, Frankfurt 1972, S. 378 ff.
19 Vgl. Weiler, a. a. O., S. 180.
20 Vgl. Art. 38, I, 1 GG.
21 BVerf GE, 1,33.
22 BVerf GE 1, 105; BVerf GE 4,18; 7,400; 8,329; 12,363; zit. nach Gerhard Leibholz, H. J. Rinck, Kommentar an Hand der Rechtsprechung des Bundesverfassungsgerichts, Köln 1966, S. 236.
23 Vgl. BVerf GE 2,12 f.; 5,140 f.
24 Peter v. Oertzen, Freiheitlich demokratische Grundordnung und Rätesystem, in: Udo Bermbach (Hrsg.), Theorie und Praxis der direkten Demokratie, Köln-Opladen, S. 178 ff. Ähnlich hat sich auch in verschiedenen Interviews der wohl bedeutendste Vertreter des Rätemodells, Ernest Mandel, ausgesprochen.

25 Vgl. dazu bes. die Ansätze zu einer Demokratisierungsstrategie bei Bodo Zeuner, Wahlen ohne Auswahl – Die Kandidatenaufstellung zum Bundestag, in: Winfried Steffani (Hrsg.), Parlamentarismus ohne Transparenz, Köln-Opladen 1971, S. 186 ff.

26 Vgl. Wolfgang Abendroth, Zum Begriff des demokratischen und sozialen Rechtsstaates im Grundgesetz der Bundesrepublik Deutschland, in: W. Abendroth, Antagonistische Gesellschaft, Neuwied und Berlin 1967, S. 109 ff. Vgl. auch W. Abendroth, in: Martin Greiffenhagen (Hrsg.), Demokratisierung in Staat und Gesellschaft, München 1973, S. 180 ff.; ebenso Hans-Hermann Hartwich, Sozialstaatspostulat und gesellschaftlicher status quo, Köln-Opladen 1970, S. 54 ff.; H.-H. Hartwich, in: M. Greiffenhagen (Hrsg.), Demokratisierung in Staat und Gesellschaft, S. 188 ff.

27 Abendroth, a. a. O., S. 182, 183; vgl. auch bes. Hartwichs Kriterienkatalog eines „demokratisch-sozialistischen Sozialstaats", a. a. O., S. 192.

28 Vgl. dazu besonders Fritz Vilmar, Demokratisierung der Wirtschaft. Am Beispiel der Mitbestimmung, in: Greiffenhagen (Hrsg.), Demokratisierung in Staat und Gesellschaft, S. 194 ff.

29 Vgl. u. a. Lutz Lehmann, Klagen über Lehrer F. und andere Schulbeispiele, Frankfurt 1971.

30 Vgl. Pahl-Rugenstein Verlag,Köln 1972, Wortlaut und Kritik der verfassungswidrigen Januarbeschlüsse; Erich Frister u. Luc Jochimsen, Wie links dürfen Lehrer sein, Hamburg 1972; Dieter Schmidt (Hrsg.), Radikale im Öffentlichen Dienst, Frankfurt 1973; H. Weiler, a. a. O., S. 125 ff.

31 Vgl. Hans Heckel/Paul Seipp, Schulrechtskunde, Neuwied, Berlin 1969, S. 213; vgl. neuere Ansätze bei Martin Stock, Pädagogische Freiheit und politischer Auftrag der Schule, Heidelberg 1971, S. 65 ff.; ebenso Dietmar Hantke, Meinungsfreiheit des Lehrers, München 1973, S. 28 ff.; ebenso Arno Combe, Kritik der Lehrerrolle, München 1971, S. 120 ff.

32 Vgl. BVerf GE 9, S. 287.

33 Vgl. Heckel, Seipp, a. a. O., S. 212. Vgl. auch die Landesbeamtengesetze von Rheinland-Pfalz (§ 64) und Bayern (§ 63); ebenso die Verfassung des Saarlandes in Art. 119, IV.

34 Vgl. Wolfgang Däubler, Zum Streikrecht der Beamten, Auszüge aus dem Gutachten, ÖTV, Stuttgart 1970, S. 13 ff.; Thilo Ramm, Das Koalitions- und Streikrecht der Beamten, Köln 1970, S. 36 ff.

35 Vgl. Georg Auernheimer/Martin Doehlemann, Mitbestimmung in der Schule, München 1971, S. 57 ff.; Antonius Holtmann/Sybillle Reinhard, Schülermitverantwortung, Weinheim, Berlin, Basel 1971, S. 40 ff.; Weiler, a. a. O., S. 72 mit weiteren Zit. Rechtliche Alternativen entwickelt vor allem Wolfgang Perschel, Die Rolle des Rechts bei der Demokratisierung der Schule, in: Bundeszentrale für politische Bildung, Heft 81, Bonn 1969, S. 46 ff.

36 Vgl. Modell einer demokratischen Schulverfassung, in: Theodor Wilhelm, Demokratie in der Schule, Göttingen 1970, S. 243 ff.; vgl. auch Martin Stock, a. a. O.; ebenso Adolf Kell, Schulverfassung. Thesen, Konzeptionen, Entwürfe, München 1973, S. 57 ff.

37 Vgl. dazu vor allem: Wilfried Gottschalch u. a., Sozialisationsforschung. Materialien, Probleme, Kritik, Frankfurt 1973, S. 50 ff.; Gerhard Vinnai, Sozialpsychologie der Arbeiterklasse, Hamburg 1973, S. 28 ff.

38 Vgl. dazu vor allem Michael Schneider, Neurose und Klassenkampf. Ma-

terialistische Kritik und Versuch einer emanzipativen Neubegründung der Psychoanalyse, Hamburg 1973, S. 78 ff., S. 157 ff., S. 306 ff.

39 Vgl. Hermann Giesecke, Didaktik der politischen Bildung, München 1972, S. 207 ff.

40 Während der Einfluß von Unternehmerinteressen auf Ausbildungsstrukturen vor allem durch Friedhelm Nyssen, Schule im Kapitalismus, Köln 1969 und Martin Baethge, Ausbildung und Herrschaft, Frankfurt 1970, politisch-ökonomisch abgeleitet und materialreich verifiziert worden sind, fehlen derartige Studien zur Schulverwaltung völlig.

41 Vgl. dazu vor allem Oskar Negt, Soziologische Phantasie und exemplarisches Lernen. Zur Theorie und Praxis der Arbeiterbildung, Frankfurt 1972.

## Die Autoren

Dr. phil. *Wolfgang Behr,* Professor für Politikwissenschaft an der Pädagogischen Hochschule Karlsruhe; Jg. 1940; Studium der Politikwissenschaft, Soziologie, Geschichte, Anglistik, Pädagogik und Philosophie; Veröffentlichungen u. a.: Sozialdemokratie und Konservatismus, Hannover 1969; Politikwissenschaftliche und politisch-didaktische Grundkategorien, in: Gesellschaft-Staat-Erziehung 17/1972; Strukturprobleme der politischen Bildung, aus politik und zeitgeschichte. beilage zur wochenzeitung das parlament B 5/73 (3. 2. 1973); BRD–DDR. Elemente eines politischen Systemvergleichs, Politik und Soziologie, Villingen 1973; BRD–DDR. Grundkonflikte und Konvergenzerscheinungen, aus politik und zeitgeschichte, Herbst 1974.

Dr. disc. pol. *Siegfried Jenkner,* Dipl. Sozialwirt, o. Professor für Politikwissenschaft an der Pädagogischen Hochschule Niedersachsen, Abt. Hannover; Jg. 1930; Studium der Sozialwissenschaften; Veröffentlichungen u. a.: Arbeitsteilung, allseitige Entwicklung des Menschen und polytechnischer Unterricht, Braunschweig 1966; Hrsg. (m. Bruno Seidel): Wege der Totalitarismusforschung, Darmstadt 1968, $^{2}$1974; Hrsg.: Klassenbildung und Sozialschichtung, Darmstadt 1968.

*Peter Schuster,* Dipl.-Pol.; Wissenschaftl. Assistent für „Didaktik der Politik" an der Pädagogischen Hochschule Berlin; Jg. 1934; Studium der Politikwissenschaft.

*Gerd Stein,* Dipl.-Päd., Assistent für Politische Wissenschaft an der Gesamthochschule Duisburg; Jg. 1941; Studium der Erziehungswissenschaft, Politikwissenschaft und Soziologie; Veröffentlichungen u. a.: Plädoyer für eine politische Pädagogik. Ein Beitrag zum Gespräch zwischen Erziehungswissenschaft und Politikwissenschaft, Ratingen 1973, Hrsg.: Theorie und Praxis schulischer Reformen im Spannungsfeld von Pädagogik und Politik, Ratingen 1974.

*Dr. phil. Dietrich Thränhardt,* wissenschaftlicher Assistent an der Pädagogischen Hochschule Westfalen-Lippe, Abt. Münster; Jg. 1941; Studium der Geschichte, Germanistik, Philosophie und Politikwissenschaft. Veröffentlichungen: Wahlen und politische Strukturen in Bayern 1848–1953, Historisch-Soziologische Untersuchungen zum Entstehen und zur Neuerrichtung eines Parteiensystems, Düsseldorf 1973; Die Gemeinden in Abhängigkeit von Bund und Ländern, in: Heinz Rausch/Theo Stammen, Aspekte und Strukturen der Kommunalpolitik, München 1972, $^{2}$1974; Die Bundesrepublik Deutschland Verfassung und politisches System, München 1968, $^{2}$1974.

Dr. rer. pol. *Hagen Weiler,* Dipl.-Pol.; Akad. Rat am Pädagogischen Seminar der Universität Göttingen; Jg. 1939; Studium der Rechtswissenschaften, Politikwissenschaft und Didaktik der Politischen Bildung; Veröffentlichungen: Politische Emanzipation in der Schule. Zur Reform des politischen Unterrichts, Düsseldorf 1973.

Dr. rer. pol. *Hans-Joachim Winkler,* Dipl.-Pol., o. Professor für Politikwissenschaft an der Pädagogischen Hochschule Ruhr, Abt. Hagen; Jg. 1919; Studium der Politikwissenschaft und Volkswirtschaft; Veröffentlichungen u. a.: Die Entwicklungsländer, Berlin 1960 ff.; Legenden um Hitler, Berlin 1961 ff.; Über die Bedeutung von Skandalen für die Politische Bildung, in: Hamburger Jahrbuch für Wirtschafts- und Gesellschaftspolitik, 13. Jahr, Tübingen 1968; Der Bundespräsident, Opladen 1969; Friedensforschung und Friedenspädagogik, in: G. Schlott: Die NATO-Auflösung oder Reform, Opladen 1970; Sport und politische Bildung, Opladen $^{2}$1973.

Dr. phil. *Gerhard Wuthe,* Dipl.-Pol., o. Prof. für Politikwissenschaft an der Päd. Hochschule Ruhr, Abt. Dortmund; Jg. 1927; Studium der Soziologie, Geschichte und Politikwissenschaft. Veröffentlichungen u. a.: Das Bildungsinteresse und das gesellschaftliche Bewußtsein der Arbeitnehmer, Düsseldorf 1960; Gewerkschaften und Politische Bildung, Hannover 1962; Harmonie und Konflikt. Zur Funktion sozialer Leitbilder, Saarbrücken 1972; Demokratische Gesellschaft – Konsens und Konflikt, München 1974.